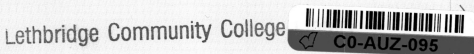

Canada's Electoral System

Elections Canada

How to reach Elections Canada

Elections Canada
257 Slater Street
Ottawa, Ontario
K1A 0M6

Telephone: 1 800 INFO-VOTE (1 800 463-6868)
              toll-free in Canada and the United States,
              001 800 514-6868 toll-free in Mexico,
              (613) 993-2975 from anywhere in
              the world

              For people who are deaf or hard of hearing:
              TTY 1 800 361-8935 toll-free in Canada
              and the United States

Fax: (613) 954-8584

Web site: **www.elections.ca**

This publication is available in alternative formats.

National Library of Canada Cataloguing in Publication Data

Main entry under title:

Canada's electoral system

Revised and augmented edition.
Text in English and French on inverted pages.
Title on added t.p.:
Le système électoral du Canada.

ISBN 0-662-65352-1
Cat. No. SE1-5/1-2000

1. Elections—Canada.
2. Voting—Canada.
I. Elections Canada.
II. Titre: Le système électoral du Canada.

JL193.C32 2000   324.971   C00-980456-0E

© Chief Electoral Officer of Canada, 2001
Cat. No. SE1-5/1-2000
ISBN 0-662-65352-1

Contents

Foreword

Canada's electoral system is the product of a 200-year process by which Canadians have overcome exclusions from the franchise and barriers to voting to achieve a universal, constitutionally entrenched right to vote.

At election time, public attention tends naturally to focus on the excitement of the political campaigns, taking for granted the administrative machinery that surrounds and supports the voting process. And yet the practical mechanisms that ensure access to the franchise – such as multilingual election information, level access at polling stations, mobile polls, special ballots and advance polls – are just as important as the letter of the law in safeguarding the right to vote.

Canada's Electoral System is intended to clarify how this administrative machinery works. A simple and flexible resource, it begins with a look at Canada's parliamentary system of government, and some of the milestones in Canada's electoral history. It then takes the reader behind the scenes at Elections Canada, describes what we do, and outlines the election, by-election and referendum processes.

Jean-Pierre Kingsley,
Chief Electoral Officer of Canada

Photos: Réflexion Photothèque

Why we vote

We elect members of Parliament to the House of Commons to make decisions and enact laws on our behalf. Regular elections ensure that Canadians continue to be represented by candidates of their choice. The Constitution sets the maximum duration of a Parliament at five years. However, the government in power may at any time call an earlier election.

WHO CAN VOTE IN A FEDERAL ELECTION?

All Canadian citizens at least 18 years of age on election day are eligible to vote, with very few exceptions.

To ensure impartiality, the officials responsible for election administration — the Chief Electoral Officer and the Assistant Chief Electoral Officer — may not vote in a federal election. Incarcerated Canadians may not vote if they are serving terms of two years or more.

Some residency restrictions apply for electors living outside the country.

Photo: Réflexion Photothèque

Photo: Elections Canada

Photo: Aztech Media Corp.

Photo: Elections Canada

The electoral system

Canada has a parliamentary system of government, based on that of the United Kingdom. The Canadian federal Parliament consists of the sovereign (represented by the Governor General), an upper house (the Senate), the members of which are appointed by the Governor General on the recommendation of the Prime Minister, and a lower house (the House of Commons), the members of which are chosen by the citizens of Canada through federal general elections.

Elections Canada is the non-partisan agency responsible for the conduct of federal elections, by-elections and referendums. It is headed by the Chief Electoral Officer of Canada.

Representation in the House of Commons

Representation in the House of Commons is based on geographical divisions known as electoral districts, constituencies or ridings. Each riding elects one member to the House of Commons, and the number of ridings is established through a formula set out in the Constitution. Riding boundaries are established by independent commissions, taking into account population and social and economic links. New commissions are set up following each decennial (10-year) census to make any necessary revisions to existing boundaries, following criteria defined in the *Electoral Boundaries Readjustment Act*. The process of redefining electoral boundaries is called redistribution, and the results are recorded in a representation order. The Representation Order of 1996 set the number of ridings at 301.

First past the post

Canada's electoral system is referred to as a "single-member plurality" or "first-past-the-post" system. In every electoral district, the candidate with the most votes wins a seat in the House of Commons and represents that riding as its member of Parliament, or MP. This means that candidates need not receive more than 50 percent of the vote (an absolute majority) to be elected.

Any number of candidates may run for election in an electoral district, but each candidate may run in one electoral district only, either independently or under the banner of a registered or eligible political party. Each party may endorse only one candidate per riding. Candidates who run for election without party affiliation may be designated as "independent" or as having "no affiliation."

POLITICAL PARTIES REGISTERED UNDER THE *CANADA ELECTIONS ACT*

NOVEMBER 27, 2000, GENERAL ELECTION

Bloc Québécois

Canadian Action Party

Canadian Reform Conservative Alliance

Communist Party of Canada

Liberal Party of Canada

Marijuana Party

Marxist-Leninist Party of Canada

Natural Law Party of Canada

New Democratic Party

Progressive Conservative Party of Canada

The Green Party of Canada

Photo: House of Commons

The Governor General gives the Speech from the Throne to open the first session of the 37th Parliament.

DIGITIZED MAPPING

Elections Canada has developed digitized, computer-generated electoral district and polling division maps, which are easy to update and reproduce. Electoral district boundary maps are available in atlas form for each of the 10 provinces. (Since the Northwest Territories, Yukon Territory and Nunavut consist of a single electoral district each, atlases are not needed.) Also available is a set of larger wall maps of each province and two different-sized maps of Canada, all showing electoral district boundaries.

Elections Canada produces digitized electoral maps, available on CD-ROM.

A political party is a group of people who together establish a constitution and by-laws, elect a leader and other officers, and endorse candidates for election to the House of Commons. To obtain the right to put the party name on the ballot, under the names of the candidates it endorses, a political party must register with the Chief Electoral Officer. At the November 27, 2000, general election, there were 11 registered political parties operating at the federal level in Canada.

After an election, the party with the most elected representatives usually becomes the governing party. The leader of this party becomes the Prime Minister and chooses people (usually members of Parliament of his or her party) to head the various government departments. The party with the second largest number of MPs is called the "Official Opposition." All the elected candidates have a seat in the House of Commons, where they vote on draft legislation (called Bills) and thus have an influence on government policy.

Non-partisan election officers

Election officers must be politically neutral: they may not favour one political party or candidate over any other. Special precautions ensure that no political leanings can affect the administration of electoral events. All election workers must take an oath to uphold voters' rights and the secrecy of the vote, and to perform their duties without favouritism.

Each candidate can have representatives present on election day during both the voting and the counting of the votes to verify that everything is carried out fairly and properly.

Everyone must have access

All citizens have the right to a voice in choosing their parliamentary representatives. Canada's electoral law requires the Chief Electoral Officer to inform the public about the system and about individual rights under that system, and to remove obstacles that may make voting difficult for some.

During an election, Elections Canada informs Canadians about their right to vote, how to get on the National Register of Electors and the voters list, and where and how they can vote. Its public information activities include news releases, advertisements in newspapers and on television and radio, brochures, posters, videos, a toll-free telephone enquiries centre, a Web site, and meetings with community and ethnocultural groups.

Canada's Electoral System

Between elections, the agency publishes additional background information for the public, keeps its telephone enquiries centre and Web site open to answer questions, and works with educators to encourage young people to vote when they become eligible.

Helping to remove obstacles to voting is an important part of Elections Canada's work. Voters who are not able to vote on polling day can vote at the advance polls. A mail-in special ballot is available for Canadians who are away from their ridings, travelling or temporarily resident overseas. Even Canadians in their own ridings during the election period may use the special ballot if they do not wish to go to a polling station. In special cases, electors with a disability may vote at home, in the presence of an election officer. Mobile polls serve voters living in certain institutions, such as nursing homes for people who are elderly or who have a disability.

OVERCOMING CANADA'S GEOGRAPHY

IMMENSE LAND MASS

Canada's electoral system has evolved in response to the country's geography. Our population, though not large in global terms, is spread over an immense land mass, much of which is accessible only by air, and then not at all times. As a result, some electoral districts are huge and sparsely populated. Nunavut, for example, sprawls over some 3 100 000 square kilometres, and serves just over 21 000 people. In sharp contrast, the smallest electoral district, Laurier—Sainte-Marie in Quebec, occupies only nine square kilometres, but serves a population of over 96 000.

WATCHING THE CLOCK

With voting hours staggered across the country's six time zones, election results are available at just about the same time everywhere in Canada.

Wherever possible, election officers at polling stations speak both official languages. In addition, a deputy returning officer can appoint and swear in an interpreter to help communicate with a voter.

For voters with special needs, most polling stations provide level access, or voters can get a transfer certificate to vote at a station with level access. Templates are available for voters with a visual disability. On request, a deputy returning officer can help a voter with a disability or a voter who cannot read in any way that will enable the person to vote. A friend or relative can also assist the voter. Elections Canada maintains a toll-free TTY telephone enquiries line for voters who are deaf or hard of hearing.

Evolution of the federal vote

1758 The election of the first legislative assembly in Canadian history was held in Nova Scotia. The right to vote and to be a candidate was limited to Protestant males 21 years of age or older who were landowners. Excluded were all women, Catholics and Jews. Many voters had to travel long distances to cast their ballots; voting took place over several days and on different dates in different ridings.

1806 Gradually, the system evolved to incorporate some of the safeguards we have today to ensure fairness. In 1806, limits were placed on how long elected assemblies could stay in power, requiring them to hold regular elections.

1867 At the first general election after Confederation in 1867, only a small minority of the population could vote in a country that had only four provinces, represented by 181 members of Parliament. The laws of individual provinces were used to determine who had the right to vote.

Most Canadians take it for granted that nearly all adult citizens have the right to vote. In the country's early days, however, the number of people who had the right to vote was actually smaller than the number who were not eligible.

1874 Reforms resulted in the use of the secret ballot and the practice of holding the entire general election on the same day in all ridings.

1885 The Canadian Parliament drew up a complicated federal franchise, based on property ownership. The application of the rules differed from town to town and from province to province.

1915 The First World War brought important changes to the federal franchise. In 1915, the right to vote was granted to military personnel on active service.

1917 Parliament passed the *Wartime Elections Act* and the *Military Voters Act*. The right to vote was extended to all British subjects, male or female, who were active or retired members of the armed forces, including Indian persons and persons under 21 years of age. Civilian men who were not landowners, but who had a son or grandson in the armed forces, were also temporarily granted the franchise, as were women with a father, mother, husband, son, daughter, brother or sister then serving, or who had previously served in the Canadian forces.

WOMEN AND THE VOTE

Before Confederation, women had the right to vote in Upper Canada (called Canada West after 1841, and Ontario after 1867). Social disapproval, however, meant that they generally did not use it.

In Lower Canada (Quebec), on the other hand, women widely exercised their right to vote — especially widows, who were most likely to have the property qualifications necessary for the franchise. Women in Lower Canada were disenfranchised in 1832.

All women 21 years of age and over became eligible to vote federally on May 24, 1918. Provincially, Manitoba was the first to extend the vote to women, on January 28, 1916, and Quebec the last, on January 1, 1941.

Photo: National Archives of Canada (PA-2279)

Nurses at the Canadian field hospital in France exercise their right to vote in December 1917.

1918 The franchise at federal elections was extended to all women 21 years of age and over. During the following year, they became eligible for election to the House of Commons. The first – Agnes Macphail – was elected in 1921.

1920 With a new *Dominion Elections Act*, the federal government reclaimed control over the right to vote in federal elections, which had been given back to the provinces in 1898. The Act also created the office of Chief Electoral Officer and established advance polling for certain categories of electors. At that time, there were 235 federal ridings.

1948 The last of the property ownership requirements were abolished, and the right to vote was extended to all Canadians of Asian origin.

1960 The *Canada Elections Act* gave registered Indians living on reserves the right to vote, and further extended the right to vote at advance polls. In 1964, the reconfiguration of the electoral map was entrusted to independent boundary commissions operating under strict criteria.

1970 A revised *Canada Elections Act* lowered the voting age and the age of candidacy from 21 years to 18. Civil servants posted abroad and their dependants, as well as those of military personnel, could now use the voting facilities previously reserved for the military. Political parties obtained the right to have their names listed on the ballot paper under the names of their candidates, if they registered with the Chief Electoral Officer.

1974 Legislation was passed to control election expenses and to ensure that sources of revenues of parties and candidates are made public.

1982 The *Canadian Charter of Rights and Freedoms* entrenched in the Constitution the right of all citizens to vote and to run for election.

1992 Parliament passed amendments to the *Canada Elections Act* to improve access to the electoral system for persons with disabilities. The requirements include level access at all polling stations and, where this is not possible, the use of transfer certificates.

1993 Parliament passed legislation to allow Canadians to vote by special ballot if they cannot go to their regular or advance poll. The mail-in ballot can be used by students away from home, travelling vacationers and business people, and those temporarily outside the country. Other changes provided for registration at urban polls on election day (previously only available to rural electors), shortened the minimum election period from 50 to 47 days, and banned the publication and broadcasting of opinion polls during the last three days of a campaign.

1996 Amendments to the *Canada Elections Act* created a permanent register of Canadians qualified as electors, and eliminated door-to-door enumeration for federal elections, referendums and by-elections. The general election and by-election period was shortened to a minimum of 36 days, and the hours of voting on election day were staggered and extended so that a majority of results will be available at approximately the same time across the country.

2000 A new *Canada Elections Act* modernized the organization and language of the electoral legislation, and introduced new controls on election advertising by third parties. Third parties are persons and groups that play a role in the election process, but who are not candidates for office, registered political parties or their riding associations. The new Act prohibits election advertising and the publication of new election opinion poll results on election day. It also authorizes the Commissioner of Canada Elections to deal with violations of the Act by obtaining court injunctions and, where the violation is an offence, through compliance agreements. In addition, the Act permits the Chief Electoral Officer to develop and test electronic voting procedures.

Elections since Confederation

PARLIAMENT	WRITS ISSUED	ELECTION DAYS
1.	August 6, 1867	August 7, 1867, to September 20, 1867
2.	July 15, 1872	July 20, 1872, to October 12, 1872
3.	January 2, 1874	January 22, 1874
4.	August 17, 1878	September 17, 1878
5.	May 18, 1882	June 20, 1882
6.	January 17, 1887	February 22, 1887
7.	February 4, 1891	March 5, 1891
8.	April 24, 1896	June 23, 1896
9.	October 9, 1900	November 7, 1900
10.	September 29, 1904	November 3, 1904
11.	September 18, 1908	October 26, 1908
12.	August 3, 1911	September 21, 1911
13.	October 31, 1917	December 17, 1917
14.	October 8, 1921	December 6, 1921
15.	September 5, 1925	October 29, 1925
16.	July 20, 1926	September 14, 1926
17.	May 30, 1930	July 28, 1930
18.	August 15, 1935	October 14, 1935
19.	January 27, 1940	March 26, 1940

PARLIAMENT	WRITS ISSUED	ELECTION DAYS
20.	April 16, 1945	June 11, 1945
21.	April 30, 1949	June 27, 1949
22.	June 13, 1953	August 10, 1953
23.	April 12, 1957	June 10, 1957
24.	February 1, 1958	March 31, 1958
25.	April 19, 1962	June 18, 1962
26.	February 6, 1963	April 8, 1963
27.	September 8, 1965	November 8, 1965
28.	April 25, 1968	June 25, 1968
29.	September 1, 1972	October 30, 1972
30.	May 9, 1974	July 8, 1974
31.	March 26, 1979	May 22, 1979
32.	December 14, 1979	February 18, 1980
33.	July 9, 1984	September 4, 1984
34.	October 1, 1988	November 21, 1988
35.	September 8, 1993	October 25, 1993
36.	April 27, 1997	June 2, 1997
37.	October 22, 2000	November 27, 2000

Prime Ministers since Confederation

PRIME MINISTER	PARTY	YEARS IN OFFICE
1. Hon. Sir John A. Macdonald	Liberal-Conservative	July 1, 1867 – November 5, 1873
2. Hon. Alexander Mackenzie	Liberal	November 7, 1873 – October 8, 1878
3. Rt. Hon. Sir John A. Macdonald	Liberal-Conservative	October 17, 1878 – June 6, 1891
4. Hon. Sir John J.C. Abbott	Liberal-Conservative	June 16, 1891 – November 24, 1892
5. Rt. Hon. Sir John S.D. Thompson	Liberal-Conservative	December 5, 1892 – December 12, 1894
6. Hon. Sir Mackenzie Bowell	Liberal-Conservative	December 21, 1894 – April 27, 1896
7. Hon. Sir Charles Tupper	Liberal-Conservative	May 1 – July 8, 1896
8. Rt. Hon. Sir Wilfrid Laurier	Liberal	July 11, 1896 – October 6, 1911
9. Rt. Hon. Sir Robert Laird Borden	Conservative	October 10, 1911 – October 12, 1917
10. Rt. Hon. Sir Robert Laird Borden	Unionist (coalition government)	October 12, 1917 – July 10, 1920
11. Rt. Hon. Arthur Meighen	Unionist (National Liberal and Conservative)	July 10, 1920 – December 29, 1921
12. Rt. Hon. William Lyon Mackenzie King	Liberal	December 29, 1921 – June 28, 1926
13. Rt. Hon. Arthur Meighen	Conservative	June 29 – September 25, 1926

PRIME MINISTER	PARTY	YEARS IN OFFICE
14. Rt. Hon. William Lyon Mackenzie King	Liberal	September 25, 1926 – August 7, 1930
15. Rt. Hon. Richard Bedford Bennett (became Viscount Bennett, 1941)	Conservative	August 7, 1930 – October 23, 1935
16. Rt. Hon. William Lyon Mackenzie King	Liberal	October 23, 1935 – November 15, 1948
17. Rt. Hon. Louis Stephen St-Laurent	Liberal	November 15, 1948 – June 21, 1957
18. Rt. Hon. John George Diefenbaker	Progressive Conservative	June 21, 1957 – April 22, 1963
19. Rt. Hon. Lester Bowles Pearson	Liberal	April 22, 1963 – April 20, 1968
20. Rt. Hon. Pierre Elliott Trudeau	Liberal	April 20, 1968 – June 3, 1979
21. Rt. Hon. Joseph Clark	Progressive Conservative	June 4, 1979 – March 2, 1980
22. Rt. Hon. Pierre Elliott Trudeau	Liberal	March 3, 1980 – June 30, 1984
23. Rt. Hon. John Napier Turner	Liberal	June 30 – September 17, 1984
24. Rt. Hon. Brian Mulroney	Progressive Conservative	September 17, 1984 – June 25, 1993
25. Rt. Hon. Kim Campbell	Progressive Conservative	June 25 – November 4, 1993
26. Rt. Hon. Jean Chrétien	Liberal	November 4, 1993 –

Elections Canada

The Office of the Chief Electoral Officer of Canada, commonly known as Elections Canada, is the non-partisan agency of Parliament responsible for the conduct of federal elections and referendums. Its primary task is to conduct electoral events. This means the organization must be prepared at all times, because the date for an election can be set with no advance notice.

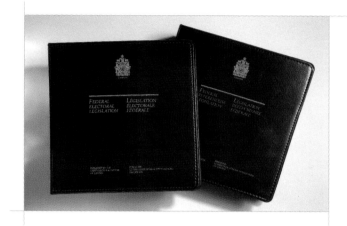

The Chief Electoral Officer

The position of Chief Electoral Officer was created in 1920 by the *Dominion Elections Act*, the forerunner of the *Canada Elections Act*, to conduct federal elections. The Chief Electoral Officer is an officer of Parliament, appointed by resolution of the House of Commons – a procedure that ensures that all parties represented there contribute to the selection process – and reports directly to the Speaker of the House of Commons. He or she serves until the age of 65 or resignation, and can be removed only for cause by the Governor General following a joint address of the House of Commons and the Senate.

The mandate of Elections Canada

Originally, the Chief Electoral Officer was responsible only for the administration of federal general elections and by-elections. Under the *Canada Elections Act* and other laws that govern federal electoral matters, the mandate of the Office has broadened to include the administration of federal general elections, by-elections, federal referendums and other important aspects of our electoral system. In addition to the *Canada Elections Act*, the laws under which Elections Canada operates include the *Constitution Act*, the *Canadian Charter of Rights and Freedoms*, the *Referendum Act*, and the *Electoral Boundaries Readjustment Act*. The agency is also subject to other statutes of general application, such as the *Financial Administration Act*, the *Public Service Employment Act*, the *Privacy Act*, the *Human Rights Act*, and the *Official Languages Act*.

Today Elections Canada is responsible for:

- ensuring access to the system for all voters, through both physical facilities and public education and information programs

- supporting the independent commissions that periodically readjust riding boundaries to ensure that representation reflects as fairly as possible the distribution of the population

- registering political parties and third parties

- controlling election spending by candidates, registered political parties and third parties, examining and disclosing their financial returns, and reimbursing the expenses of candidates and political parties according to the statutory formulas

- enforcing electoral legislation through the Commissioner of Canada Elections

In addition to administering elections, by-elections and referendums, the role of the Chief Electoral Officer includes managing the electoral process and developing strategies to prepare for future challenges. The electoral system must evolve to keep pace with rapid technological change and with the public's insistence on increased accountability and greater efficiency in all aspects of public administration.

Elections Canada's mission is to serve the needs of electors and legislators in an innovative, cost-effective and professional manner. It is based on a commitment to a fair and inclusive electoral process that is accessible to all Canadian electors. The Chief Electoral Officer is in a good position to assess the need for changes and improvements to the electoral process and to develop practical proposals for the consideration of parliamentarians.

The organization of Elections Canada

Elections Canada generally consists of a core group of staff at its Ottawa offices. However, when an electoral event is held, the agency requires the services of some 150 000 people across the country. The Chief Electoral Officer is supported by the Assistant Chief Electoral Officer.

Elections Canada has 10 directorates that carry out the administrative tasks involved in preparing for and running electoral events.

Elections Canada strives to ensure the full and fair participation of all Canadians in an equitable electoral process.

OPERATIONS

- develops the procedures, manuals, forms and tools for registration, voting and electoral management

- prints, assembles and ships all necessary materials to each of Canada's 301 electoral districts as soon as an electoral event is called

- administers the Special Voting Rules and accessibility programs

- acts as the main liaison with returning officers in each electoral district and assists them as required

ELECTION FINANCING

- manages all financial, audit and performance measurement activities, including receiving and publishing summaries of the annual fiscal returns from registered political parties, the election expenses returns of candidates and parties, the advertising expenses reports of third parties, and the financial returns of registered referendum committees

- reviews election expenses returns for compliance with the financial provisions of the legislation

- manages internal finances at Elections Canada, including fiscal planning, developing financial policies and systems, costing, budgeting, internal audit, accounting operations, payments to election workers, performance measurement and corporate reporting

ADMINISTRATION AND HUMAN RESOURCES

- manages all human resources, pay and benefits activities, official languages requirements, records and mail, facilities, materiel, contracting, security, inventory, and other matters related to the provision of the supplies and services required to conduct an electoral event

- supports Elections Canada, returning officers and the electoral boundaries commissions with services related to staffing, equipment and facilities

INFORMATION TECHNOLOGY

- plans and manages all computer hardware and software and telecommunications at Elections Canada and in the offices of returning officers, including the acquisition, development and support of all infrastructure and application systems

COMMUNICATIONS

- informs Canadian citizens in Canada and abroad of their voting rights and how to exercise them, through public and media relations activities and advertising

- responds to enquiries from the public and produces and distributes printed, electronic and videotaped information to the public and the media

- maintains links with special-needs groups to ensure that appropriate information is developed and distributed to them

ELECTIONS CANADA ON THE INTERNET

The most up-to-date information on the Canadian electoral system is accessible 24 hours a day worldwide on the Elections Canada Web site (www.elections.ca). Among other things, the site includes general information on the electoral process, the latest news about Elections Canada and the registration form for Canadian electors living abroad. On election night, Elections Canada posts voting results in real time.

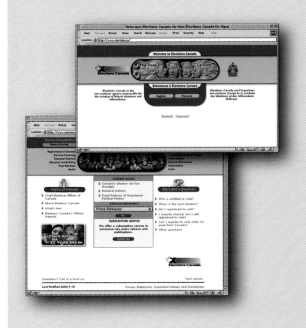

LEGAL SERVICES

- provides legal advice to the Chief Electoral Officer and staff, including opinions and interpretations with respect to the *Canada Elections Act*

- monitors compliance with statutes administered by the Chief Electoral Officer and maintains Elections Canada's relationship with the Commissioner of Canada Elections

- deals with legal aspects of broadcasting and maintains the agency's relationship with the Broadcasting Arbitrator

- prepares legislative reforms and bears primary responsibility for policy planning

- registers political parties, referendum committees, and third parties

- oversees privacy matters related to the work of Elections Canada

PLANNING, POLICY AND PARTNERSHIPS

- conducts regular information gathering and environmental scanning to ensure that the agency can effectively plan and monitor progress for the delivery of electoral events and other major projects

- coordinates research on electoral issues

- supports organizational efforts to define long-term strategies that address emerging national trends and issues

- coordinates the agency's relations with other levels of government, provincial electoral organizations, and private sector firms

- assumes primary responsibility for corporate policy development and research

- pursues partnership possibilities with the academic community, resource centres, provincial and territorial organizations, and appropriate international organizations

REGISTER AND GEOGRAPHY

- directs the agency's efforts to develop new approaches to voter registration by maintaining a permanent computerized register of electors

- ensures that the Register is updated with information obtained from federal, provincial and territorial sources, and from voters

- provides updated lists of voters annually to members of Parliament and registered political parties

- provides information to other electoral organizations with which agreements have been signed, to help them develop their own voters lists

- plans, develops and maintains the geographic information and the georeferencing systems through which digital and paper electoral maps and a variety of other address-based documents are produced

SHARING EXPERIENCE WITH DEVELOPING DEMOCRACIES: ELECTIONS CANADA'S INTERNATIONAL SERVICES

As a recognized supporter of democracy throughout the world, Canada has helped to establish a number of programs that provide professional advice and assistance to countries developing democratic institutions. Elections Canada has participated in more than 300 international democratic development missions in some 80 countries. This support takes many forms: pre-election assessment, technical advice, training and civic education, financing, election monitoring, and providing election materials.

Elections Canada's services respect each country's laws, customs, needs, environment and people. Our missions do not seek to promote our own electoral system, ideas or techniques. Rather, they identify the choices available to each host country, taking into account its specific challenges and opportunities, and help select and implement the option that best meets the country's democratic development needs.

PARLIAMENTARY REPRESENTATION

- assists the 10 electoral boundaries commissions by providing technical, administrative, professional, financial, and other services to help commissioners carry out their responsibilities under the *Electoral Boundaries Readjustment Act*

- plans and develops the policies, procedures, manuals and systems needed for the readjustment of electoral boundaries

INTERNATIONAL SERVICES

- carries out a number of bilateral and multilateral programs providing professional and technical assistance to support countries wishing to develop democratic institutions

The Commissioner of Canada Elections

Appointed by the Chief Electoral Officer, the Commissioner of Canada Elections ensures that the provisions of the *Canada Elections Act* and the *Referendum Act* are enforced. During an electoral event, the Commissioner may deal with actual or suspected infractions by applying for court injunctions or entering into compliance agreements with the individuals concerned. Anyone who has reason to believe that the Acts have been violated may complain to the Commissioner in writing, within six months of the offence, and request an investigation.

Complaints typically relate to such infractions as failure by employers to grant their employees the required time off to vote, voting by unqualified people, improper reporting of financial information, and advertising violations. Convictions can result in fines or prison terms. Persons convicted of an offence may lose, for five or seven years, depending on the offence, their right to be a candidate at a federal election.

The Broadcasting Arbitrator

Every broadcaster must make available a specified amount of both free and paid air time to registered political parties during a general election and to referendum committees during a referendum. Under the *Canada Elections Act*, the Chief Electoral Officer appoints a Broadcasting Arbitrator, who allocates this time to the individual parties and committees, according to a formula set out in the legislation.

Returning officers

Mention elections and people think of candidates and political parties. Behind the scenes, however, thousands of election workers play an essential role in ensuring that each electoral event is fair and well managed. A returning officer in each electoral district coordinates the activities of these workers. Appointed by the Governor in Council (the Cabinet), federal returning officers act under the general supervision of the Chief Electoral Officer of Canada.

The job is demanding and the duties varied. In theory, returning officers need only be Canadian citizens 18 years of age or older and living in the electoral district where they are appointed. In practice, however, they must be much more. Along with serious commitment, a wide range of business and management skills is required.

The work is by nature impartial and non-partisan; the returning officer must conduct all business accordingly. Returning officers must abide by a code of professional conduct and must abstain from all activities of a politically partisan nature, both during and outside election and referendum periods.

Photo: Elections Canada

Each returning officer has an office in his or her electoral district.

Photo: Elections Canada

Thousands of election workers play an essential role in ensuring that all eligible electors can exercise their right to vote.

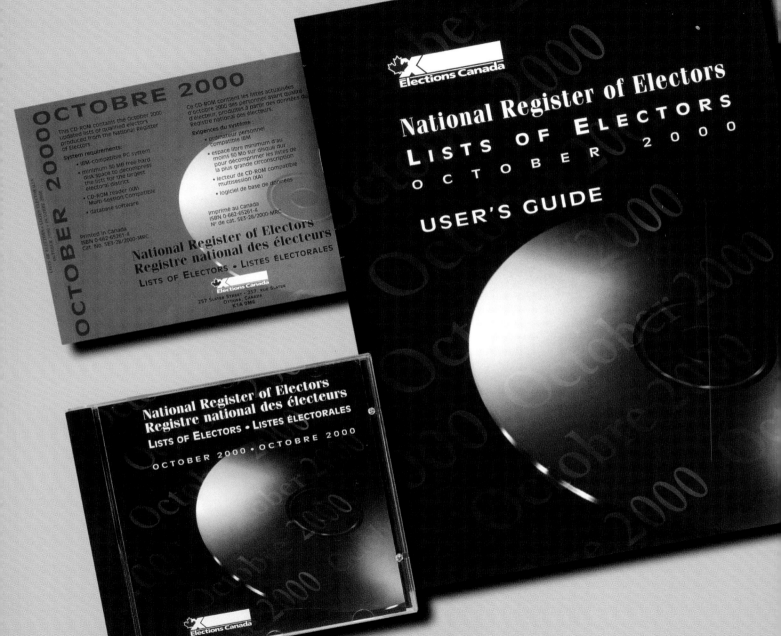

The electoral process

The National Register of Electors

The National Register of Electors is a computerized database of Canadians who are qualified to vote. It contains each elector's name, mailing address, residential address, electoral district, polling division, sex, and date of birth, and can be updated using existing federal and provincial data sources.

Elections Canada uses the Register to produce the preliminary voters lists for a general election, by-election, or referendum. Once they have signed an agreement with Elections Canada, provincial, territorial and municipal electoral organizations, as well as school boards, may also use information from the Register to produce their voters lists.

About 20 percent of elector information changes every year so Elections Canada must keep the Register current between electoral events. The Register is updated with data from the Canada Customs and Revenue Agency (with the consent of tax filers), Citizenship and Immigration Canada, provincial and territorial registrars of motor vehicles and vital statistics (deaths), and electoral agencies in British Columbia and Quebec (which have permanent voters lists). Voters lists from certain provincial and territorial elections are also used to update the Register.

PROTECTING PRIVACY

In setting up and managing the National Register of Electors, Elections Canada sought the advice of many experts, including the Office of the Privacy Commissioner of Canada. The two key principles are the right to privacy and the confidentiality of personal information in the Register. Parliament and Elections Canada have made sure that:

- *an elector may remove his or her name from the Register by notifying the Chief Electoral Officer in writing*

- *an elector may decline to share information with other electoral jurisdictions for electoral purposes by notifying the Chief Electoral Officer in writing*

- *opting out of the Register or declining to share the Register's information does not affect the elector's right to vote*

- *the limited information from federal data sources (the Canada Customs and Revenue Agency and Citizenship and Immigration Canada) may be gathered only with the consent of the elector concerned*

- *by law, the information in the Register may be used for electoral purposes only*

- *improper use of electoral information is an offence*

- *Elections Canada computers are not connected to those of data suppliers*

- *the facilities containing the National Register of Electors are guarded by security systems*

Preparations

APPOINTING AND TRAINING RETURNING OFFICERS

The key electoral officer in each riding is the returning officer. Returning officers are appointed by the Governor in Council. They remain in the position (unless the riding changes as a result of redistribution) until they move out of the riding, resign, or are removed for cause. Once the Chief Electoral Officer is informed about a vacant post, the vacancy must be filled within 60 days, and preferably well in advance of an electoral event. This allows time for Elections Canada to train the new officer and for him or her to become familiar with the duties of the post.

SETTING UP POLLING DIVISIONS

Before the election call, each electoral district must be divided into polling divisions, each serving an average of 350 electors. This is a very important exercise, since each voters list corresponds to a polling division.

SELECTING LOCATIONS FOR POLLING STATIONS

Once the polling divisions have been established, each returning officer must select convenient and accessible locations for polling stations, for both the regular and the advance polls. Polling stations are usually set up in well-known central locations with level access, such as community centres and schools.

PREPARING SUPPLIES

Staff at Elections Canada in Ottawa develop administrative procedures and prepare maps, instruction kits, forms, information materials, ballot paper and boxes, and other supplies that will be needed to conduct a federal electoral event. Early shipments are sent to returning officers' homes if an event is thought to be imminent.

Election countdown

Governor General dissolves Parliament and calls election

Chief Electoral Officer notifies returning officers
and issues the writs of election

Returning officers open offices

Voting by special ballot begins

Elections Canada prepares preliminary voters lists
and sends them to returning officers

Revision of voters lists begins

Returning officers mail voter information cards
to registered voters

Candidates submit nomination papers and
cash deposits to returning officers

Canadian Forces electors begin voting

Voting at advance polls takes place

Voting by incarcerated electors and those in
acute care hospitals begins

Deadline for revision and special ballot registration

ELECTION DAY

Preliminary voting results are available
after the polls close

AFTER ELECTION DAY

Returning officers carry out the
validation of the results

Judicial recounts are conducted if necessary

Returning officers return the writs of election,
declaring the winning candidates

New members of Parliament are sworn in
and the new Parliament is convened

Chief Electoral Officer publishes a report on the
election, and on the official voting results

Candidates, political parties and third parties
submit election financial reports

Reimbursement of election expenses
to candidates and political parties

Candidates dispose of surplus funds

Conducting an election

CALLING THE ELECTION

For a general election, the Governor General, at the request of the Prime Minister, dissolves Parliament, and the Governor in Council sets the date of the election and the date by which the writs must be returned. By law, the time between the issue of the writs and election day must be a minimum of 36 days.

ISSUING THE WRITS

Once advised of the election, the Chief Electoral Officer sends a notice to each returning officer, directing him or her to rent office space and to prepare to conduct the election. At the same time, the writs of election are being printed, giving the dates for election day and for the close of nominations. Once signed by the Chief Electoral Officer, the writs are sent to the returning officers, who then publish a notice of election informing voters of the important dates and other details.

OPENING THE OFFICES

Upon notification, each returning officer rents space and furniture in an accessible location in his or her electoral district, and opens an office. This office will be open during the hours prescribed by the Chief Electoral Officer, and will serve as the centre of operations for the duration of the event. Staff must be hired and trained immediately, as the office is expected to begin operations without delay. Load after load of supplies arrive from Elections Canada.

REVISING THE PRELIMINARY LISTS

Immediately after the election is called, Elections Canada prepares the preliminary voters lists, using information from the National Register of Electors, and sends the lists for each riding to the returning officer. The returning officer mails a voter information card to each registered elector soon afterwards. Each card confirms the name and address of the elector, provides information about when and where to vote, and indicates whether the polling station has level access.

During the four weeks between the 33rd and the 6th day before election day, the voters lists are revised by adding, deleting and correcting registrations as needed. If an elector has moved within the same riding, he or she can amend the registration over the telephone, with satisfactory proof of identity. Voters can also register in person during the advance polls and on election day, with the same proof of identity.

The returning officer prepares revised voters lists to be used at the advance polls, and a second set of revised lists, called the official lists, to be used on election day.

After election day, the returning officer prepares voters lists that include voters who registered on election day, and sends them to Elections Canada. There staff prepare electronic and printed copies of the final voters lists for distribution to registered political parties and members of Parliament.

NOMINATING CANDIDATES

The returning officer receives the nomination papers and cash deposits submitted by the candidates who wish to run for election in that electoral district. The returning officer then has 48 hours to verify the signatures of the voters supporting each candidate before confirming or rejecting the candidacy.

REGISTERING POLITICAL PARTIES

Political parties must be properly registered with the Chief Electoral Officer before candidates may use the party name on the ballot. They must apply for registration before an election is called. However, for its registration to take effect (or to remain in effect, if the party is already registered), a party must nominate at least 50 candidates at a general election.

VOTING

There are a number of ways to vote. The most common way is at the ordinary polls on election day (also known as ordinary polling day). Voters can also cast their ballots at an advance poll or at a mobile poll. Or they might vote by special ballot, either at the office of the returning officer, or through the mail.

Photo: Elections Canada

To eliminate the possibility of fraud, Elections Canada verifies bar codes on the outer envelopes of special ballots.

Photo: Elections Canada

Each voter has his or her name crossed off the list before going behind the screen to vote.

ORDINARY POLLS: This is the method of voting used by the vast majority of voters. During the hours of voting on election day, the voter goes to the polling station indicated on his or her voter information card, has his or her name crossed off the list, and goes behind a voting screen to mark the ballot.

The hours of voting are staggered by time zone, so that a majority of results will be available at approximately the same time across the country.

If necessary, the Chief Electoral Officer may modify the voting hours in a riding to make them coincide with the voting hours in other ridings in the same time zone. When by-elections are held on the same day in the same time zone, the voting hours are 8:30 a.m. to 8:30 p.m.

ADVANCE POLLS: Three days are designated for advance polling to accommodate electors who know in advance that they will be unable to vote on ordinary polling day. The dates and the location of the designated advance polling station for each elector are indicated on the voter information card. The procedure is the same as at the ordinary polls.

ALWAYS ON MONDAY

Polling day at federal elections and referendums is always on a Monday, except when the Monday in question is a public holiday. In such cases, polling day is on the following day. This last occurred in 1984, when election day was Tuesday, September 4, the day after Labour Day.

	POLLS OPEN AND CLOSE IN LOCAL TIME
Newfoundland time	8:30 a.m. — 8:30 p.m.
Atlantic time	8:30 a.m. — 8:30 p.m.
Eastern time	9:30 a.m. — 9:30 p.m.
Central time	8:30 a.m. — 8:30 p.m.
Mountain time	7:30 a.m. — 7:30 p.m.
Pacific time	7:00 a.m. — 7:00 p.m.

SPECIAL BALLOT: The special ballot accommodates voters who:

- reside temporarily outside Canada

- reside in Canada, but will be away from their electoral districts when it is time to vote

- will be in their own electoral districts during the election or referendum but cannot or do not wish to vote in person at the ordinary or advance polls

Canadian Forces electors and incarcerated electors serving sentences of less than two years also vote by special ballot, using different procedures than do other special ballot voters.

Electors must first apply to vote by special ballot; registration forms are available from Elections Canada or the offices of returning officers.

At an election, a voter may cast a ballot only for a candidate in his or her own riding. The special ballot is a blank one, and the voter writes in the first name or initials and the surname of the candidate of his or her choice for that riding. It is the voter's responsibility to obtain information about the candidates. At a referendum, the ballot is pre-printed with the referendum question(s) and the voter places a mark in the space indicated for a "Yes" or "No" answer.

To preserve secrecy, the voter then seals the ballot in three envelopes, and sends it by mail or courier to the Chief Electoral Officer in Ottawa, or (if the voter is in his or her own riding) to the returning officer for that riding.

ASSISTING VOTERS WHO HAVE SPECIAL NEEDS

Elections Canada has taken special measures to ensure that voting is accessible
to all electors:

- polling stations and the offices of returning officers have level access

- transfer certificates are available to voters with disabilities whose polling stations are among the very few that cannot offer level access

- on election day, mobile polling stations serve the residents of many institutions for seniors and for persons with disabilities

- a ballot box can be carried from room to room, if necessary, in chronic care facilities

- a cardboard template helps voters with a visual disability to mark their ballots privately

- interpreters may accompany voters to assist them if required

- election workers will provide whatever other assistance they can at the polls

MARKING THE BALLOT

At the polling station specified on the voter information card, the poll clerk crosses the voter's name off the voters list. The deputy returning officer (DRO) hands the voter a folded ballot with the initials of the DRO on the outside.

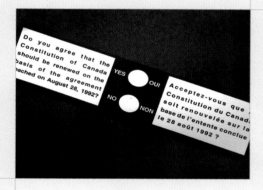

The election ballot lists the names of the candidates in alphabetical order, along with each one's political affiliation, if any.

The voter takes the ballot behind the voting screen and makes a clear mark in the circle beside the preferred name, using the pencil provided.

The referendum ballot shows the text of the referendum question, and the words "Yes" and "No", in English and in French.

The voter takes the ballot behind the voting screen and makes a clear mark in the circle beside the preferred option, using the pencil provided.

The voter then refolds the ballot so that the DRO's initials are visible and hands it to the DRO. The DRO checks the initials and the number shown on the counterfoil, removes the counterfoil and discards it, and returns the ballot to the voter. The voter, or the DRO at the voter's request, places the folded ballot in the ballot box. The poll clerk then places a mark in the "voted" column beside the elector's name.

The results

Shortly after the closing of the polls on election day, the unofficial results begin to come in. As the reports arrive from the various polling stations, Elections Canada posts the summaries of the results by riding on its Web site (www.elections.ca). At the same time, the returning officers release the results to the media for immediate publication or broadcast.

VALIDATION OF THE RESULTS

Within seven days of election day, each returning officer validates the results. That is, he or she examines the documents relating to the vote count to verify the election night calculations. Only after the validation has been completed can the official voting results be proclaimed.

JUDICIAL RECOUNTS

A judicial recount is automatically requested by the returning officer and conducted by a judge if the number of votes separating the candidate with the most votes and any other candidate is less than one one-thousandth of the total number of votes cast in that riding. A recount may also be conducted if it appears to a judge to whom a request for a recount has been made that an error occurred during the count.

TIE VOTE

If, after a recount, two winning candidates have received the same number of votes, a new election is called for that electoral district.

THE RETURN OF THE WRITS

The returning officer records the name of the elected candidate (or the winning side at a referendum) on the writ that he or she received at the beginning of the event. He or she signs the writ, and returns it to the Chief Electoral Officer after the sixth day following the validation of the results, or immediately after a judicial recount. Only after the writ is returned may an elected candidate be sworn in as a member of Parliament.

Photo: Elections Canada

The Chief Electoral Officer, Jean-Pierre Kingsley, signs the writs.

Election financing and post-election reports

The *Canada Elections Act* and the *Income Tax Act* include a series of financial provisions designed to entrench openness, fairness and accessibility within our electoral system. There are strict regulations as to who may contribute and how contributions must be received and reported, as well as how much a candidate, a political party or a third party may spend during the election period.

ELECTION EXPENSES LIMITS AND REIMBURSEMENT

While there are no limits on the amounts they may receive in contributions, the *Canada Elections Act* restricts the amounts that candidates, political parties and third parties (persons and groups that play a role in the election process, but who are not candidates for office, registered political parties or their riding associations) may spend on election expenses. The expenses limits for candidates and political parties are calculated according to a formula based on the number of electors on the voters lists for each riding. The public treasury reimburses part of the election expenses of candidates and registered political parties, if certain conditions are met. These include the submission of detailed financial statements.

The election advertising expenses of third parties are limited to $150 000 for a general election, of which a maximum of $3 000 may be spent in any single electoral district. Third parties have no right to any reimbursement. Any third party that spends more than $500 for election advertising must register with the Chief Electoral Officer and submit a financial statement after the election.

Elections Canada publishes the financial information submitted by candidates, political parties and third parties.

TAX CREDITS: Although contributions may be in the form of money, goods or services, only a monetary contribution to a registered political party or a confirmed candidate qualifies for an income tax credit under the *Canada Elections Act*. The maximum tax credit permitted is $500 (corresponding to a contribution of $1 075.01 or more). Third parties may not issue tax receipts for donations in their capacity as third parties.

PUBLIC DISCLOSURE: Every registered political party must submit an audited return of its election expenses to the Chief Electoral Officer within six months following election day. Parties must also submit audited annual fiscal period returns disclosing the amount and source of all contributions, with the names and addresses of those whose contributions exceed $200.

CANADIAN CONTRIBUTIONS ONLY

Registered Canadian political parties and candidates may receive contributions only from Canadian citizens or permanent residents. Corporations or associations that do not conduct business in Canada may not contribute; nor may foreign political parties or governments, or trade unions without Canadian bargaining rights. The same restrictions apply to third parties, in terms of any contributions intended for election advertising expenses.

Third parties must report the details of their election advertising expenses within four months of election day. They must also report who contributed money to the third party for election advertising expenses in the period beginning six months before the issue of the writ and ending on election day.

Each candidate must submit an audited return of election expenses to the returning officer of his or her electoral district within four months of election day. The candidate's return, which the Chief Electoral Officer must publish, shows all election expenses incurred, indicates the amounts and sources of all contributions, and discloses the names and addresses of all those whose contributions exceed $200.

All the financial information submitted to the Chief Electoral Officer by parties and candidates is available to the public at all times.

REIMBURSEMENTS: Parties that have received at least 2 percent of the valid votes cast nationally, or at least 5 percent of the valid votes cast in the electoral districts in which they have endorsed a candidate, are entitled to a refund of 22.5 percent of their election expenses.

A candidate who is elected or who receives at least 15 percent of the valid votes cast in his or her riding is entitled to a reimbursement of 50 percent of actual election expenses, up to a maximum of 50 percent of the election expenses limit in that riding.

Candidates with a surplus of revenues over expenses must pay the surplus to their riding associations or to the parties they represent. If the candidate is not sponsored by a party, the surplus must be paid to the Receiver General for Canada.

THE CHIEF ELECTORAL OFFICER'S REPORTS

After each general election, within 90 days of the return of the writs, the Chief Electoral Officer must submit a report to the Speaker of the House of Commons. This statutory report covers the election, as well as the activities of Elections Canada since the date of the previous narrative report. As soon as possible after an election, the Chief Electoral Officer also reports on any modifications to electoral law that he or she judges necessary. In addition, the Chief Electoral Officer must publish a report of the official voting results by polling division.

By-elections

When a seat in Parliament becomes officially vacant, the Speaker of the House of Commons must inform the Chief Electoral Officer immediately by means of a Speaker's warrant.

Between the 11th and the 180th day after the Chief Electoral Officer receives this warrant, the Governor in Council must set the date for holding a by-election. Once the date is known, the Chief Electoral Officer issues a writ to the returning officer of the electoral district concerned, directing him or her to hold a by-election on that date.

If a general election is called after the by-election writ has been issued and before the by-election is held, the writ for the by-election is automatically withdrawn, and the Chief Electoral Officer publishes a notice in the *Canada Gazette* to that effect.

Photo: Elections Canada

Photo: Elections Canada

During an election period, Elections Canada's Enquiries Unit handles thousands of calls every day, covering all aspects of the electoral system.

The conduct of by-elections is the same as that of general elections in almost all aspects. The differences stem from the fact that only specified electoral districts are involved. For example:

- Parliament is not dissolved at the beginning of a by-election (as it is at the beginning of a general election).

- Only the leader of a political party may sign a candidate's endorsement letter (at a general election, the party leader may designate someone else to sign endorsement letters).

- Canadian Forces electors whose home riding is listed as one in which a by-election is being held will automatically be sent a special ballot voting kit (at a general election, a polling station is set up on the base and military electors vote during a specified period before election day).

- Incarcerated electors serving sentences of less than two years, whose home riding is listed as one in which a by-election is being held and who wish to vote, must request a special ballot directly from Elections Canada in Ottawa (at a general election, a polling station is set up in the correctional institution and voting takes place on the 10th day before election day).

- To vote in a by-election, the elector must have been ordinarily resident in the riding from the beginning of the revision period until election day.

- Political parties receive no reimbursement for their expenses.

Referendums

The purpose of a federal referendum is to consult the electorate on specific issues related to the Constitution.

In Canada, federal referendums are held under the *Referendum Act*. While elections and referendums differ in purpose, their procedures differ very little. In fact, the provisions of the *Canada Elections Act* are adapted to form the basis of the referendum process.

CALLING A REFERENDUM

Before the referendum period officially begins, the government submits the text of the question (or questions) to each political party with 12 or more members in the House of Commons. A member of the Cabinet gives notice of a motion for approval of the referendum question to the House of Commons within three days. The motion is considered by the members of the House of Commons for a maximum of three days and, if adopted, is forwarded to the Senate. The Senate in turn has three days to vote on it.

On approval of the question by the Senate, the Governor in Council has 45 days to proclaim the referendum, specifying whether the question(s) will be put to all Canadian electors or only to those of one or more provinces. As soon as the proclamation is issued, the Chief Electoral Officer issues writs to the appropriate returning officers, instructing them to conduct a referendum.

The Chief Electoral Officer must inform the public of the referendum question and of the manner in which the referendum will be conducted. He or she must also make the text of the question available in selected Aboriginal languages. He or she may not inform the public of the substance of any argument in support of or in opposition to the Yes or No options.

REFERENDUM COMMITTEES

Any person or group may advertise to support or oppose one side or the other of the referendum issue, but sponsors must be identified in the advertisement. Persons or groups intending to spend more than $5 000 to directly support or oppose one of the options must register with the Chief Electoral Officer as a referendum committee.

Like political parties at an election, registered referendum committees may apply to the Broadcasting Arbitrator for free broadcasting time. This free time must be allocated evenly among committees that support the Yes and No options.

Committees also have the right to appoint one agent to be present at each polling station on polling day.

The ballot box used for elections and referendums is made of recyclable cardboard. Inexpensive to produce, it is easy to store, transport and assemble.

Registered referendum committees must report their contributions and expenses to the Chief Electoral Officer. The names of all persons or groups that contribute more than $250 to a committee must be reported in the referendum expenses return.

VOTING

Polling day at a referendum is no earlier than the 36th day after the writs are issued.

Electors vote by making a clear mark in the circle beside the word "Yes" or "No" on the ballot.

Looking ahead

Photos: Elections Canada

The success of the Canadian electoral system is due in part to its ability to adapt to and reflect changing circumstances. Electoral laws have evolved and will continue to evolve as various legislative provisions are amended to reflect societal change.

It is not by chance that Canada's electoral system is considered one of the best in the world. It is a reflection of the Canadian people's continued concern for fairness and democracy and of their willingness to go the extra mile in pursuit of excellence in electoral system delivery.

Suggested reading

For more detailed treatment of the subjects addressed in this booklet, the following publications may be ordered free of charge from Elections Canada:

Accessibility of the Electoral System (EC 90505)

Canada Elections Act (EC 06605)

Canada's Electoral System: Strengthening the Foundation — Annex to the Report of the Chief Electoral Officer of Canada on the 35th General Election (EC 94610)

Election Handbook for Candidates, Their Official Agents and Auditors (EC 20190)

Elections Canada on the World Scene: Sharing Experience with Developing Democracies (EC 90770)

Important Considerations for Prospective Candidates (EC 90790)

National Register of Electors (EC 90780)

Registration at the Polls (EC 90525)

Registration of Federal Political Parties (EC 90530)

Report of the Chief Electoral Officer of Canada on the 37th General Election Held on November 27, 2000 (EC 94318)

Report of the Chief Electoral Officer of Canada on the 36th General Election (EC 94612)

Representation in the Federal Parliament (on the Web site)

Serving Democracy: A Strategic Plan 1999-2002 (EC 08901)

The Evolution of the Federal Franchise (EC 90785)

The Investigative Process Under the Canada Elections Act (EC 90560)

The Returning Officer (EC 90535)

The Role and Structure of Elections Canada (EC 90600)

The lavishly illustrated book, *A History of the Vote in Canada*, is available for purchase. Published in 1997 by the Minister of Public Works and Government Services Canada for the Chief Electoral Officer of Canada, it is available at bookstores or can be ordered through the Elections Canada Web site (www.elections.ca) under General Information.

Le système électoral du Canada

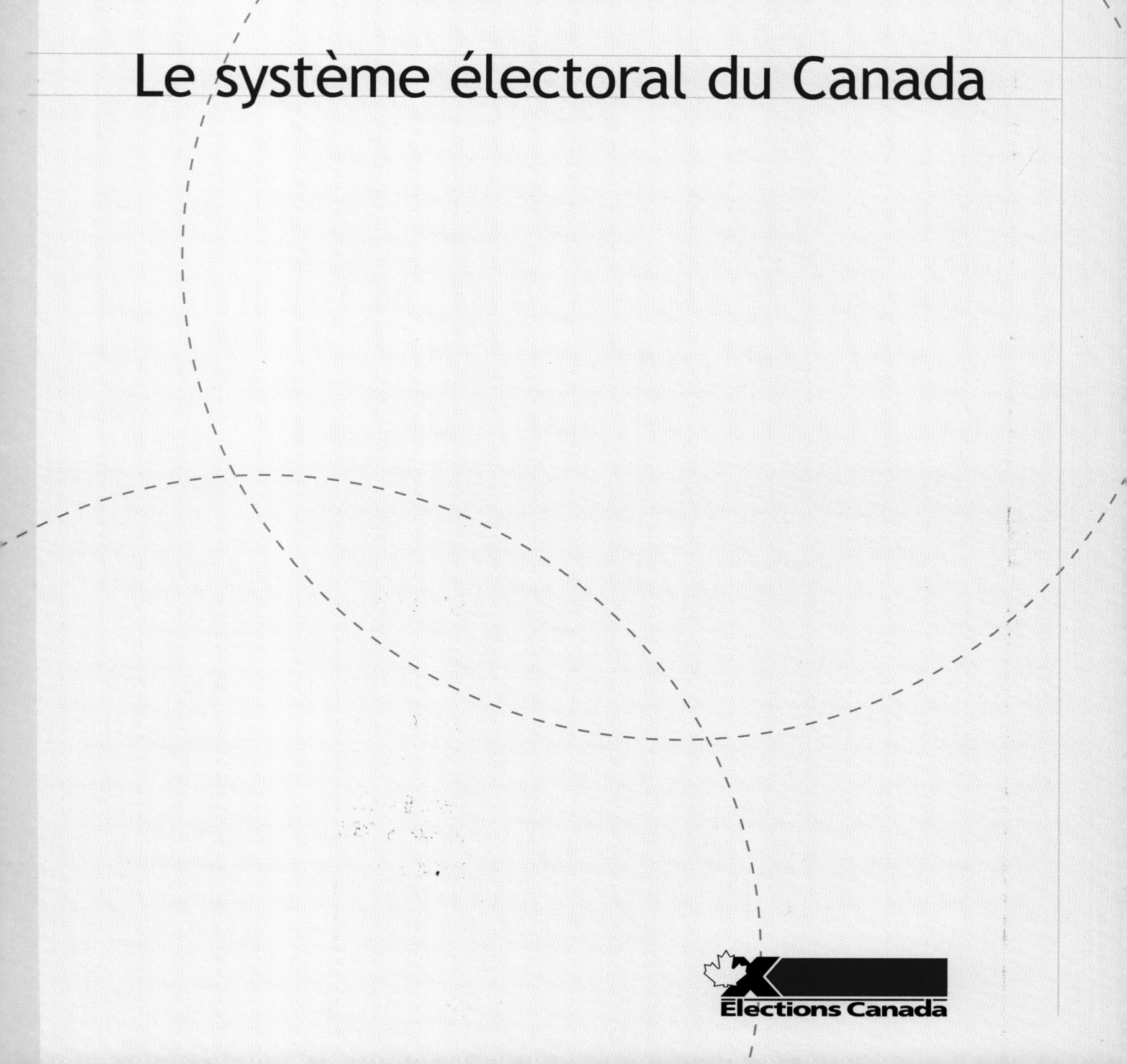

Pour communiquer avec Élections Canada

Élections Canada
257, rue Slater
Ottawa (Ontario)
K1A 0M6

Téléphone :   1 800 INFO-VOTE (1 800 463-6868)
                sans frais au Canada et aux États-Unis,
                001 800 514-6868 sans frais au Mexique,
                (613) 993-2975 de partout au monde

                Pour les personnes sourdes
                ou malentendantes :
                ATS 1 800 361-8935 sans frais
                au Canada et aux États-Unis

Télécopieur : (613) 954-8584

Site Web : **www.elections.ca**

On peut obtenir ce document sur des supports
de substitution.

*Données de catalogage avant publication de la
Bibliothèque nationale du Canada*

Vedette principale au titre :

Le système électoral du Canada

Édition revue et augmentée.
Texte en français et en anglais disposé tête-bêche.
Titre de la p. de t. addit. :
Canada's electoral system.

ISBN 0-662-65352-1
N° de cat. SE1-5/1-2000

1. Élections—Canada.
2. Vote—Canada.
I.   Élections Canada.
II. Titre : Canada's electoral system.

JL193.C32 2000   324.971   C00-980456-0F

© Directeur général des élections du Canada, 2001
N° de cat. SE1-5/1-2000
ISBN 0-662-65352-1

*Dans le présent document, le générique masculin
est utilisé sans aucune discrimination et dans le seul
but de faciliter la lecture.*

Table des matières

Avant-propos

Le système électoral du Canada est le fruit de deux siècles d'évolution au cours desquels les Canadiens et Canadiennes ont progressivement éliminé les exclusions et les obstacles sur le chemin du suffrage universel, enchâssé dans la Constitution.

En période électorale, l'animation des campagnes politiques capte naturellement l'attention du public, laissant dans l'ombre l'infrastructure administrative qui entoure et soutient le processus électoral. Pourtant, les mécanismes pratiques qui permettent d'exercer le droit de vote – l'information électorale multilingue, les bureaux de scrutin accessibles de plain-pied, les bureaux de scrutin itinérants, le vote par bulletin spécial et le vote par anticipation – sont aussi indispensables à la protection du droit de vote que les dispositions législatives qui le garantissent.

Le système électoral du Canada a pour but d'expliquer en termes clairs le fonctionnement de l'administration électorale fédérale. Cette publication se veut avant tout un outil de consultation simple et flexible. On y trouve des renseignements de base sur le système parlementaire canadien, l'histoire du vote au Canada et le rôle d'Élections Canada ainsi que sur les processus électoral et référendaire.

Le directeur général des élections du Canada,

Jean-Pierre Kingsley

1

Photos : Réflexion Photothèque

Pourquoi nous votons

Nous élisons des députés à la Chambre des communes pour qu'ils prennent des décisions et adoptent des lois en notre nom. En tenant des élections régulièrement, les Canadiens sont toujours assurés d'être représentés par les députés de leur choix. Selon la Constitution, l'intervalle maximal entre deux élections générales est de cinq ans. Le gouvernement peut toutefois déclencher une élection plus tôt.

QUI PEUT VOTER À UNE ÉLECTION FÉDÉRALE?

Tout citoyen canadien âgé d'au moins 18 ans le jour du scrutin a le droit de voter. Il n'y a que quelques exceptions.

Pour des raisons d'impartialité, les responsables de l'administration électorale — le directeur général des élections et le directeur général adjoint des élections — ne peuvent pas voter à une élection fédérale. Les Canadiens incarcérés ne peuvent pas voter s'ils purgent une peine de deux ans ou plus.

Par ailleurs, certaines restrictions concernant le lieu de résidence s'appliquent aux électeurs qui vivent à l'extérieur du pays.

Photo : Élections Canada

Photo : Réflexion Photothèque

Photo : Élections Canada

Photo : Aztech Media Corp.

Photos : Bibliothèque du Parlement

Le système électoral

Le gouvernement du Canada fonctionne dans le cadre d'un système parlementaire d'origine britannique. Le Parlement fédéral canadien comprend la souveraine (représentée par le gouverneur général), une chambre haute (le Sénat) dont les membres sont nommés par le gouverneur général sur la recommandation du premier ministre, et une chambre basse (la Chambre des communes) dont les membres sont choisis par les citoyens du Canada à l'occasion des élections générales fédérales.

Élections Canada est l'organisme non partisan chargé de la conduite des élections et des référendums fédéraux. Il est dirigé par le directeur général des élections du Canada.

La représentation à la Chambre des communes

La représentation à la Chambre des communes est basée sur une division géographique du pays en circonscriptions électorales (aussi appelées comtés). Chaque circonscription élit un député à la Chambre des communes. Le nombre de circonscriptions est établi selon une formule inscrite dans la Constitution. Des commissions indépendantes fixent les limites des circonscriptions en tenant compte de la population et du tissu socioéconomique. Après chaque recensement décennal (tous les dix ans), on met sur pied de nouvelles commissions, qui révisent les limites au besoin selon les critères définis par la *Loi sur la révision des limites des circonscriptions électorales*. On appelle redécoupage le processus par lequel on établit une nouvelle délimitation des circonscriptions, et les résultats d'un redécoupage sont consignés dans un décret de représentation électorale. Le Décret de représentation électorale de 1996 fixait le nombre de circonscriptions à 301.

Un système majoritaire uninominal

Le système électoral du Canada est un « système majoritaire uninominal à un tour ». Dans chaque circonscription, le candidat élu est celui qui recueille plus de votes que tout autre, même s'il n'obtient pas une majorité absolue (plus de 50 %) des voix. Le candidat élu devient député de sa circonscription à la Chambre des communes.

Il n'y a pas de limite au nombre de candidats qui peuvent se présenter dans une circonscription, mais un candidat ne peut se présenter que dans une seule circonscription. Il peut se présenter soit comme candidat « indépendant » ou « sans appartenance », soit sous la bannière d'un parti politique enregistré ou admissible. Chaque parti peut soutenir un seul candidat dans une circonscription donnée.

PARTIS POLITIQUES ENREGISTRÉS EN VERTU DE LA *LOI ÉLECTORALE DU CANADA*

ÉLECTION GÉNÉRALE DU 27 NOVEMBRE 2000

Bloc Québécois

l'Alliance réformiste conservatrice canadienne

Le Parti Vert du Canada

Nouveau Parti Démocratique

Parti action canadienne

Parti communiste du Canada

Parti de la loi naturelle du Canada

Parti libéral du Canada

Parti Marijuana

Parti Marxiste-Léniniste du Canada

Parti progressiste-conservateur du Canada

Photo : Chambre des communes

Discours du Trône prononcé par la gouverneure générale, lors de la première session de la 37e Législature.

CARTOGRAPHIE NUMÉRIQUE

Élections Canada a créé des cartes numérisées et informatisées des circonscriptions électorales et des sections de vote. Ces cartes sont faciles à mettre à jour et à reproduire. Les cartes des limites des circonscriptions sont disponibles sous forme d'atlas pour chacune des dix provinces. (Les Territoires du Nord-Ouest, le Territoire du Yukon et le Nunavut constituant chacun une seule circonscription, un atlas n'est pas nécessaire dans leur cas.) On peut aussi se procurer un jeu de grandes cartes murales de chaque province ainsi que deux cartes du Canada de dimensions différentes qui montrent les limites des circonscriptions.

Élections Canada produit des cartes électorales numérisées disponibles sur CD-ROM.

Un parti politique est un groupe de personnes qui se donne des statuts et règlements, élit un chef et d'autres dirigeants et soutient des candidats à une élection à la Chambre des communes. Pour avoir le droit d'inscrire son nom sur les bulletins de vote sous le nom des candidats qu'il soutient, un parti politique doit s'enregistrer auprès du directeur général des élections. Lors de l'élection générale du 27 novembre 2000, il y avait 11 partis politiques fédéraux enregistrés au Canada.

À l'issue d'une élection, le parti qui compte le plus grand nombre de candidats élus est généralement appelé à former le gouvernement. Le chef de ce parti devient le premier ministre. C'est lui qui choisit les ministres (généralement parmi les députés de son parti) qui dirigeront les différents ministères du gouvernement. Le parti qui est au deuxième rang pour le nombre de candidats élus forme l'Opposition officielle. Tous les candidats élus siègent à la Chambre des communes, où ils votent sur les projets de loi et influencent ainsi les politiques gouvernementales.

Un personnel électoral impartial

Les fonctionnaires électoraux doivent être politiquement impartiaux : ils n'ont pas le droit de favoriser un parti ou un candidat au détriment d'un autre. Des mesures particulières garantissent que l'administration des scrutins est exempte de partisanerie. Tout le personnel électoral doit faire le serment de défendre les droits des électeurs et le secret du vote, et d'accomplir ses tâches sans favoritisme.

Chaque candidat a droit à ce que ses représentants soient présents le jour du scrutin, tant durant les heures de vote que durant le dépouillement du scrutin, pour vérifier que tout se déroule de façon juste et équitable.

L'accessibilité : une priorité

Tous les citoyens ont le droit de participer au choix de leurs représentants au Parlement. La législation électorale du Canada exige que le directeur général des élections informe le public au sujet du système et des droits des citoyens et qu'il lève les obstacles pouvant rendre l'exercice du droit de vote difficile pour certains.

Lors d'un scrutin, Élections Canada renseigne les Canadiens sur leur droit de vote, leur explique comment s'inscrire au Registre national des électeurs et sur la liste électorale, et leur indique où et comment ils peuvent voter. Il utilise pour cela une variété de moyens : communiqués, annonces dans les journaux, à la radio et à la télévision, brochures, affiches, vidéos, centre de renseignements téléphoniques accessible sans frais, site Web et rencontres avec des groupes communautaires et ethnoculturels.

Le système électoral du Canada

Entre les élections, l'organisme publie divers autres documents d'information à l'intention du public, maintient son centre de renseignements téléphoniques et son site Web pour répondre aux questions et travaille avec le milieu de l'éducation pour favoriser le vote chez les jeunes électeurs.

Une des tâches importantes d'Élections Canada est l'élimination des obstacles au vote. Les électeurs qui ne peuvent voter le jour du scrutin peuvent voter par anticipation. Les Canadiens qui sont absents de leur circonscription, parce qu'ils sont en voyage ou qu'ils résident temporairement à l'étranger, peuvent voter par la poste en utilisant le bulletin de vote spécial. Même s'ils sont dans leur circonscription durant la période électorale, les électeurs qui ne souhaitent pas se rendre au bureau de scrutin peuvent utiliser le bulletin spécial. Dans certains cas, les électeurs ayant une limitation fonctionnelle peuvent voter à domicile en présence d'un fonctionnaire électoral. Des bureaux de scrutin itinérants desservent les électeurs demeurant dans certains établissements, comme des foyers pour personnes âgées ou handicapées.

LE DÉFI GÉOGRAPHIQUE

UN TERRITOIRE IMMENSE

Le système électoral canadien a évolué en fonction des conditions géographiques particulières au pays. La population relativement peu nombreuse se répartit sur un immense territoire, dont une grande partie n'est accessible qu'en avion — et pas à tout moment. Certaines circonscriptions sont donc très étendues et peu densément peuplées. Par exemple, le Nunavut couvre quelque 3 100 000 kilomètres carrés et compte à peine plus de 21 000 habitants. Tout à l'opposé, Laurier–Sainte-Marie, au Québec, est la plus petite circonscription avec une superficie de seulement neuf kilomètres carrés, mais elle compte plus de 96 000 habitants.

UNE QUESTION D'HEURES

Avec les heures du scrutin décalées, les résultats électoraux sont disponibles à peu près en même temps dans les six fuseaux horaires du pays.

Dans la mesure du possible, les fonctionnaires électoraux affectés aux bureaux de scrutin parlent les deux langues officielles. En outre, le scrutateur peut désigner et assermenter un interprète pour communiquer avec un électeur.

Pour les électeurs ayant des besoins spéciaux, la plupart des bureaux de scrutin sont accessibles de plain-pied, c'est-à-dire sans marches; sinon, l'électeur peut obtenir un certificat de transfert pour voter à un bureau doté d'un accès de plain-pied. Les électeurs ayant une déficience visuelle ont un gabarit à leur disposition. Pour voter, l'électeur qui a une limitation fonctionnelle ou ne peut pas lire peut, sur demande, se faire aider d'un scrutateur, d'un ami ou d'un proche. Par ailleurs, Élections Canada met une ligne téléphonique ATS sans frais à la disposition des électeurs sourds ou malentendants.

L'évolution du droit de vote fédéral

1758 L'élection devant conduire à la formation de la première assemblée législative de l'histoire canadienne se tient en Nouvelle-Écosse. Pour voter ou pour se présenter comme candidat, il faut être un propriétaire foncier protestant âgé d'au moins 21 ans. Les femmes, les catholiques et les Juifs sont exclus. Bien des électeurs doivent franchir d'immenses distances s'ils veulent voter. À l'époque, les élections s'étalent sur plusieurs jours et les dates diffèrent selon les circonscriptions.

1806 Peu à peu, le système évolue et intègre certaines des garanties qui assurent aujourd'hui son équité. En 1806, on limite la durée du mandat des assemblées élues, les obligeant ainsi à tenir des élections à intervalles réguliers.

1867 À l'élection générale de 1867, la première après la Confédération, une faible minorité de la population a qualité d'électeur. Le pays ne compte que quatre provinces, représentées par 181 députés. Le droit de vote fédéral est alors régi par les législations provinciales.

La plupart des Canadiens tiennent pour acquis qu'à peu près tous les citoyens adultes ont le droit de vote. Or, dans les premières années du pays, les personnes habilitées à voter étaient moins nombreuses que celles qui ne l'étaient pas.

1874 Par suite de réformes législatives, le vote devient secret et les élections générales sont tenues le même jour dans toutes les circonscriptions.

1885 Le Parlement fédéral récupère le contrôle du droit de vote aux élections fédérales en instaurant un ensemble de règles très complexes fondées sur des critères de propriété, dont l'application diffère selon les provinces et même selon les villes.

1915 La Première Guerre mondiale apporte d'importantes réformes. En 1915, on accorde le droit de vote au personnel militaire en service actif.

1917 Le Parlement adopte la *Loi des élections en temps de guerre* et la *Loi des électeurs militaires*. Le droit de vote est alors étendu à tout sujet britannique qui est membre actif ou retiré des forces armées, homme ou femme, y compris les Autochtones et les personnes âgées de moins de 21 ans. Les civils mâles qui ne sont pas propriétaires, mais qui ont un fils ou un petit-fils dans les forces armées se voient accorder temporairement le droit de vote, de même que les femmes dont le père, la mère, le mari, un fils ou une fille, ou encore un frère ou une sœur servent ou ont servi dans les Forces canadiennes.

LES FEMMES ET LE VOTE

Avant la Confédération, les femmes du Haut-Canada (appelé Canada de l'Ouest après 1841, puis Ontario après 1867) ont le droit de vote mais ne l'exercent généralement pas, parce que cela est mal vu du point de vue social.

Dans le Bas-Canada (Québec), les femmes exercent largement leur droit de vote — particulièrement les veuves, qui sont les plus susceptibles de remplir les conditions nécessaires de propriété — mais ce droit leur est retiré en 1832.

Toutes les femmes âgées de 21 ans ou plus obtiennent le droit de vote au niveau fédéral le 24 mai 1918. Au niveau des provinces, le Manitoba est la première à accorder le droit de vote aux femmes, le 28 janvier 1916, et le Québec la dernière, le 1er janvier 1941.

Photo : Archives nationales du Canada (PA-2279)

Des infirmières canadiennes œuvrant dans un hôpital militaire canadien en France exercent leur droit de vote en décembre 1917.

1918 Le droit de vote aux élections fédérales est octroyé à toutes les femmes âgées de 21 ans ou plus. Durant l'année qui suit, elles obtiennent le droit de briguer un siège à la Chambre des communes. En 1921, Agnes Macphail devient la première femme élue au Parlement.

1920 Avec le nouvel *Acte des élections fédérales*, le gouvernement fédéral reprend le contrôle du droit de vote aux élections fédérales, qui avait été de nouveau confié aux provinces en 1898. Cette loi crée aussi le poste de directeur général des élections et autorise le vote par anticipation pour certains électeurs. La Chambre des communes compte alors 235 sièges.

1948 Les dernières restrictions liées à la propriété sont abolies et le droit de vote s'étend à tous les Canadiens d'origine asiatique.

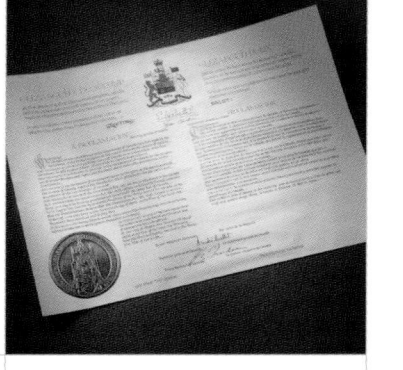

1960 La *Loi électorale du Canada* accorde le droit de vote aux Indiens inscrits vivant dans les réserves, et élargit davantage le vote par anticipation. En 1964, la révision de la carte électorale est confiée à des commissions indépendantes et strictement réglementées.

1970 Une révision de la *Loi électorale du Canada* abaisse de 21 à 18 ans l'âge minimum requis pour voter et pour briguer les suffrages. Les fonctionnaires fédéraux en poste à l'étranger, leurs personnes à charge, de même que celles du personnel militaire, peuvent dorénavant se prévaloir des mécanismes de vote jusque-là réservés aux militaires. Les partis politiques obtiennent le droit de voir leur nom inscrit sur les bulletins de vote sous celui de leurs candidats, à condition de s'enregistrer auprès du directeur général des élections.

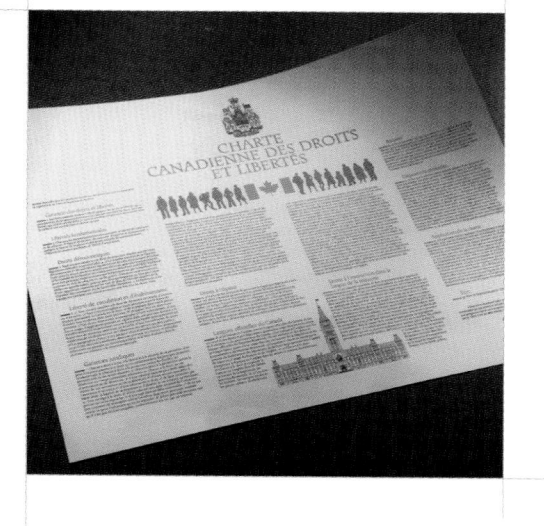

1974 Les dépenses électorales sont plafonnées et la divulgation des sources de revenus des partis et des candidats devient obligatoire.

1982 L'adoption de la *Charte canadienne des droits et libertés* enchâsse dans la Constitution le droit pour chaque citoyen de voter et de briguer les suffrages.

1992 La *Loi électorale du Canada* est modifiée de façon à faciliter l'accès au système électoral aux personnes ayant une limitation fonctionnelle. Désormais, tous les bureaux de scrutin doivent être accessibles de plain-pied et, là où ce n'est pas possible, un certificat de transfert est disponible.

1993 Nouvelle modification de la Loi : les électeurs qui ne peuvent se rendre à leur bureau de vote ordinaire ou à leur bureau de vote par anticipation peuvent désormais voter par bulletin spécial. Les étudiants éloignés de leur domicile, les vacanciers et les gens d'affaires en voyage, ainsi que les personnes qui séjournent temporairement hors du pays peuvent dorénavant voter par la poste. Par ailleurs, on élargit aux bureaux de vote urbains l'inscription le jour même du scrutin (jusque-là réservée aux bureaux de vote ruraux), on réduit de 50 à 47 jours la durée minimale de la période électorale, et on interdit la publication et la radiodiffusion de sondages d'opinion durant les trois derniers jours de la campagne.

1996 Un projet de loi modifiant la *Loi électorale du Canada* crée un registre permanent des électeurs, ce qui élimine le recensement porte-à-porte pour les élections (générales et partielles) et les référendums fédéraux. De plus, la durée minimale de la période électorale est réduite à 36 jours pour une élection générale ou partielle, et les heures de vote le jour du scrutin sont décalées et étendues de manière à ce que la plupart des résultats soient disponibles à peu près en même temps partout au pays.

2000 Une nouvelle *Loi électorale du Canada* est adoptée. En plus d'actualiser le vocabulaire et l'organisation de la législation électorale, elle introduit de nouvelles règles sur la publicité électorale des tiers (personnes ou groupes qui ne sont ni des candidats, ni des partis politiques enregistrés, ni des associations de circonscription d'un parti enregistré). La nouvelle Loi interdit de faire de la publicité électorale ou de publier de nouveaux résultats de sondages électoraux le jour de l'élection. Elle habilite le commissaire aux élections fédérales à demander des injonctions de la cour ou à conclure des ententes de conformité (appelées transactions) avec les contrevenants éventuels. Elle autorise le directeur général des élections à développer et mettre à l'essai des processus de vote électronique.

Les élections depuis la Confédération

LÉGISLATURE	DÉLIVRANCE DES BREFS	JOURS DU SCRUTIN
1.	6 août 1867	7 août 1867 au 20 septembre 1867
2.	15 juillet 1872	20 juillet 1872 au 12 octobre 1872
3.	2 janvier 1874	22 janvier 1874
4.	17 août 1878	17 septembre 1878
5.	18 mai 1882	20 juin 1882
6.	17 janvier 1887	22 février 1887
7.	4 février 1891	5 mars 1891
8.	24 avril 1896	23 juin 1896
9.	9 octobre 1900	7 novembre 1900
10.	29 septembre 1904	3 novembre 1904
11.	18 septembre 1908	26 octobre 1908
12.	3 août 1911	21 septembre 1911
13.	31 octobre 1917	17 décembre 1917
14.	8 octobre 1921	6 décembre 1921
15.	5 septembre 1925	29 octobre 1925
16.	20 juillet 1926	14 septembre 1926
17.	30 mai 1930	28 juillet 1930
18.	15 août 1935	14 octobre 1935
19.	27 janvier 1940	26 mars 1940

LÉGISLATURE	DÉLIVRANCE DES BREFS	JOURS DU SCRUTIN
20.	16 avril 1945	11 juin 1945
21.	30 avril 1949	27 juin 1949
22.	13 juin 1953	10 août 1953
23.	12 avril 1957	10 juin 1957
24.	1er février 1958	31 mars 1958
25.	19 avril 1962	18 juin 1962
26.	6 février 1963	8 avril 1963
27.	8 septembre 1965	8 novembre 1965
28.	25 avril 1968	25 juin 1968
29.	1er septembre 1972	30 octobre 1972
30.	9 mai 1974	8 juillet 1974
31.	26 mars 1979	22 mai 1979
32.	14 décembre 1979	18 février 1980
33.	9 juillet 1984	4 septembre 1984
34.	1er octobre 1988	21 novembre 1988
35.	8 septembre 1993	25 octobre 1993
36.	27 avril 1997	2 juin 1997
37.	22 octobre 2000	27 novembre 2000

Les premiers ministres depuis la Confédération

	PREMIER MINISTRE	PARTI	PÉRIODE AU POUVOIR
1.	L'hon. sir John A. Macdonald	Libéral-conservateur	1er juillet 1867 – 5 novembre 1873
2.	L'hon. Alexander Mackenzie	Libéral	7 novembre 1873 – 8 octobre 1878
3.	Le très hon. sir John A. Macdonald	Libéral-conservateur	17 octobre 1878 – 6 juin 1891
4.	L'hon. sir John J.C. Abbott	Libéral-conservateur	16 juin 1891 – 24 novembre 1892
5.	Le très hon. sir John S.D. Thompson	Libéral-conservateur	5 décembre 1892 – 12 décembre 1894
6.	L'hon. sir Mackenzie Bowell	Libéral-conservateur	21 décembre 1894 – 27 avril 1896
7.	L'hon. sir Charles Tupper	Libéral-conservateur	1er mai – 8 juillet 1896
8.	Le très hon. sir Wilfrid Laurier	Libéral	11 juillet 1896 – 6 octobre 1911
9.	Le très hon. sir Robert Laird Borden	Conservateur	10 octobre 1911 – 12 octobre 1917
10.	Le très hon. sir Robert Laird Borden	Unioniste (gouvernement de coalition)	12 octobre 1917 – 10 juillet 1920
11.	Le très hon. Arthur Meighen	Unioniste (libéral national et conservateur)	10 juillet 1920 – 29 décembre 1921
12.	Le très hon. William Lyon Mackenzie King	Libéral	29 décembre 1921 – 28 juin 1926
13.	Le très hon. Arthur Meighen	Conservateur	29 juin – 25 septembre 1926

PREMIER MINISTRE	PARTI	PÉRIODE AU POUVOIR
14. Le très hon. William Lyon Mackenzie King	Libéral	25 septembre 1926 – 7 août 1930
15. Le très hon. Richard Bedford Bennett (devenu vicomte en 1941)	Conservateur	7 août 1930 – 23 octobre 1935
16. Le très hon. William Lyon Mackenzie King	Libéral	23 octobre 1935 – 15 novembre 1948
17. Le très hon. Louis Stephen St-Laurent	Libéral	15 novembre 1948 – 21 juin 1957
18. Le très hon. John George Diefenbaker	Progressiste-conservateur	21 juin 1957 – 22 avril 1963
19. Le très hon. Lester Bowles Pearson	Libéral	22 avril 1963 – 20 avril 1968
20. Le très hon. Pierre Elliott Trudeau	Libéral	20 avril 1968 – 3 juin 1979
21. Le très hon. Joseph Clark	Progressiste-conservateur	4 juin 1979 – 2 mars 1980
22. Le très hon. Pierre Elliott Trudeau	Libéral	3 mars 1980 – 30 juin 1984
23. Le très hon. John Napier Turner	Libéral	30 juin – 17 septembre 1984
24. Le très hon. Brian Mulroney	Progressiste-conservateur	17 septembre 1984 – 25 juin 1993
25. La très hon. Kim Campbell	Progressiste-conservateur	25 juin – 4 novembre 1993
26. Le très hon. Jean Chrétien	Libéral	4 novembre 1993 –

Élections Canada

Le Bureau du directeur général des élections du Canada, appelé communément Élections Canada, est l'organisme non partisan chargé par le Parlement de conduire les élections et les référendums fédéraux. Sa tâche principale étant la conduite des scrutins, il doit être prêt en tout temps, car une élection peut être déclenchée sans préavis.

Le directeur général des élections

Le poste de directeur général des élections a été créé en 1920 par l'*Acte des élections fédérales*, qui a précédé la *Loi électorale du Canada*. Le directeur général des élections est un mandataire du Parlement, nommé par une résolution de la Chambre des communes – ce qui permet à tous les partis représentés à la Chambre de participer au processus de sélection. Le directeur général des élections relève directement du président de la Chambre des communes. Il est en poste jusqu'à 65 ans ou sa démission. Seul le gouverneur général peut le remplacer, pour un motif suffisant, à la suite d'une adresse conjointe de la Chambre et du Sénat.

Le mandat d'Élections Canada

À l'origine, le directeur général des élections était chargé seulement de la conduite des élections générales et partielles de niveau fédéral. En vertu de la *Loi électorale du Canada* et d'autres lois régissant les questions électorales fédérales, le mandat du Bureau s'est élargi pour comprendre les élections (générales et partielles) et les référendums de niveau fédéral ainsi que d'autres aspects importants de notre système électoral. Outre la *Loi électorale du Canada*, Élections Canada est régi par la *Loi constitutionnelle*, la *Charte canadienne des droits et libertés*, la *Loi référendaire* et la *Loi sur la révision des limites des circonscriptions électorales*. L'organisme est aussi assujetti à d'autres lois d'application générale, notamment la *Loi sur la gestion des finances publiques*, la *Loi sur l'emploi dans la fonction publique*, la *Loi sur la protection des renseignements personnels*, la *Loi canadienne sur les droits de la personne* et la *Loi sur les langues officielles*.

Aujourd'hui, le mandat d'Élections Canada consiste à :

- assurer l'accès au système à tous les électeurs au moyen d'installations physiques appropriées et de programmes d'information et d'éducation du public;

- soutenir la révision périodique des limites des circonscriptions effectuée par l'intermédiaire de commissions indépendantes pour que la représentation reflète aussi équitablement que possible la répartition de la population;

- enregistrer les partis politiques et les tiers;

- contrôler les dépenses électorales des candidats, des partis enregistrés et des tiers, examiner et publier leurs rapports financiers et rembourser les dépenses des candidats et des partis selon les formules prévues par la Loi;

- faire appliquer la législation électorale par l'entremise du commissaire aux élections fédérales.

En plus de conduire les élections et les référendums, le directeur général des élections gère le processus électoral et élabore des stratégies en prévision des défis de l'avenir. Le système électoral doit s'adapter à l'évolution rapide de la technologie et aux exigences croissantes du public, qui réclame une gestion plus efficace et des contrôles plus serrés à tous les niveaux de l'administration publique.

Élections Canada a pour mission de répondre aux besoins de l'électorat et du législateur de manière novatrice, rentable et professionnelle, et s'emploie à favoriser un système équitable, ouvert et accessible à tous les électeurs du Canada. Le directeur général des élections est bien placé pour évaluer les besoins de changement et d'amélioration en matière électorale et pour élaborer des propositions pratiques à l'intention des parlementaires.

L'organisation d'Élections Canada

Élections Canada se compose normalement d'un personnel de base travaillant au siège de l'organisme, à Ottawa. Lors d'un scrutin, l'organisme retient les services de quelque 150 000 personnes dans tout le pays. Le directeur général des élections est secondé dans son travail par le directeur général adjoint des élections.

Élections Canada comprend dix directions qui exercent les fonctions administratives associées à la préparation et à la conduite des scrutins.

Élections Canada veille à faciliter la pleine participation de tous les Canadiens à un processus électoral juste et équitable.

OPÉRATIONS

- élabore des procédures, des manuels, des formulaires et des outils pour l'inscription et le vote, et pour la gestion électorale;

- imprime et assemble la documentation pertinente et l'expédie aux 301 circonscriptions dès le déclenchement d'un scrutin;

- administre les Règles électorales spéciales et les programmes d'accessibilité;

- assure la liaison avec le directeur du scrutin de chaque circonscription et lui offre conseils et assistance.

FINANCEMENT DES ÉLECTIONS

- s'occupe de toute la gestion financière, de la vérification et des indicateurs de rendement; entre autres, reçoit les rapports financiers annuels des partis enregistrés, les rapports de dépenses électorales des candidats et des partis, les rapports de dépenses de publicité des tiers ainsi que les rapports financiers des comités référendaires enregistrés, et en publie des sommaires;

- examine les rapports de dépenses électorales pour s'assurer que les règles législatives ont été respectées;

- gère les finances d'Élections Canada, ce qui inclut la planification financière, l'élaboration de politiques et de systèmes financiers, la budgétisation, la vérification interne, le traitement des comptes, la rémunération du personnel électoral, l'évaluation du rendement et la production des rapports de l'organisme.

ADMINISTRATION ET RESSOURCES HUMAINES

- gère toutes les activités concernant les ressources humaines, la rémunération et les avantages sociaux, la politique des langues officielles, les dossiers et le courrier, les installations, le matériel, la passation des marchés, la sécurité, l'inventaire et les autres questions relatives à l'approvisionnement en biens et services associé à tout scrutin;

- fournit des services en matière de dotation en personnel, d'équipement et d'installations à Élections Canada, aux directeurs du scrutin et aux commissions de délimitation.

TECHNOLOGIE INFORMATIQUE

- est responsable de la planification et de la gestion du matériel informatique, des logiciels et des télécommunications à Élections Canada et aux bureaux des directeurs du scrutin, y compris l'acquisition, l'élaboration et le soutien technique des systèmes de base et des applications.

COMMUNICATIONS

- par le biais de relations publiques, de relations avec les médias et d'activités publicitaires, renseigne les Canadiens, au pays et à l'étranger, sur leur droit de vote et la façon de l'exercer;

- répond aux demandes de renseignements, et produit et distribue au public et aux médias des documents écrits, électroniques et vidéo;

- entretient des rapports avec des groupes ayant des besoins spéciaux afin de leur offrir des produits d'information appropriés.

ÉLECTIONS CANADA SUR INTERNET

L'information la plus à jour sur le système électoral canadien est accessible 24 heures sur 24, partout dans le monde, grâce au site Web d'Élections Canada (www.elections.ca). On y trouve entre autres des renseignements généraux sur le processus électoral, les dernières nouvelles sur Élections Canada et un formulaire d'inscription pour les électeurs canadiens résidant à l'étranger. Le soir d'un scrutin, les résultats du vote y sont directement affichés.

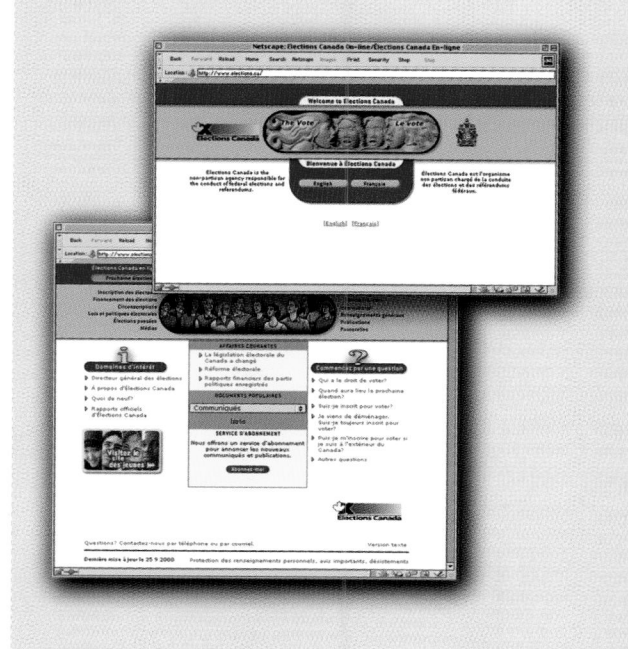

SERVICES JURIDIQUES

- conseille, sur le plan juridique, le directeur général des élections et ses employés, notamment en fournissant des avis et interprétations concernant la *Loi électorale du Canada*;

- surveille l'observation des lois administrées par le directeur général des élections et assure la liaison entre Élections Canada et le commissaire aux élections fédérales;

- s'occupe des questions juridiques en matière de radiodiffusion et assure la liaison entre l'organisme et l'arbitre en matière de radiodiffusion;

- prépare les projets de réforme législative et assume la responsabilité première de la planification des politiques;

- enregistre les partis politiques, les comités référendaires et les tiers;

- s'occupe de la protection des renseignements personnels dans le cadre des activités d'Élections Canada.

PLANIFICATION, POLITIQUES ET PARTENARIATS

- effectue sur une base régulière les collectes d'information et les analyses d'environnement qui permettent à l'organisme de planifier et de suivre efficacement la conduite des scrutins et d'autres grands projets;

- coordonne la recherche sur les questions électorales;

- aide l'organisme à définir ses stratégies à long terme en fonction de nouvelles tendances et de nouveaux enjeux nationaux;

- coordonne les relations avec les autres paliers de gouvernement, les administrations électorales des provinces et territoires, et le secteur privé;

- assume la responsabilité principale du programme des politiques et de la recherche de l'organisme;

- recherche les possibilités de partenariats avec le milieu universitaire, des centres de référence, des administrations provinciales et territoriales, et des organismes internationaux pertinents.

REGISTRE ET GÉOGRAPHIE

- coordonne les efforts de l'organisme en vue d'élaborer de nouvelles méthodes d'inscription, en tenant un registre permanent informatisé des électeurs;

- assure la mise à jour du registre à partir de données obtenues de sources fédérales, provinciales ou territoriales, et des électeurs;

- produit chaque année, à l'intention des députés et des partis politiques enregistrés, des listes électorales actualisées;

- transmet à d'autres administrations électorales, dans le cadre d'ententes, des données qui les aident à établir leurs listes électorales;

- planifie, développe et tient à jour un système d'information à référence spatiale et de géorepérage afin de produire des cartes électorales en formats électronique et imprimé ainsi qu'une variété de documents liés aux adresses.

LES SERVICES INTERNATIONAUX D'ÉLECTIONS CANADA : L'EXPÉRIENCE AU SERVICE DES NOUVELLES DÉMOCRATIES

Reconnu partout pour son soutien à la démocratie dans le monde, le Canada a contribué à établir une variété de programmes d'aide technique à l'intention des pays en voie d'établir des institutions démocratiques. Élections Canada a participé à plus de 300 missions internationales de développement démocratique dans quelque 80 pays. Cette assistance prend plusieurs formes : évaluation préélectorale, soutien technique, formation, éducation civique, financement, surveillance des élections et fourniture de matériel électoral.

Élections Canada dispense ses services en fonction des lois, des coutumes, des besoins, du contexte et de la population de chaque pays. Ses missions ne visent pas à promouvoir notre système électoral, nos idées ou nos techniques. Elles cherchent plutôt à cerner les choix qui s'offrent à chaque pays en tenant compte de ses propres défis et possibilités, et aident à choisir et à mettre en œuvre l'option qui répond le mieux aux besoins en matière de développement démocratique.

REPRÉSENTATION PARLEMENTAIRE

- soutient les dix commissions de délimitation des circonscriptions en leur dispensant des services techniques, administratifs, professionnels, financiers et autres dans le cadre de leur mandat en vertu de la *Loi sur la révision des limites des circonscriptions électorales*;

- planifie et élabore les politiques, procédures, manuels et systèmes nécessaires au redécoupage des circonscriptions.

SERVICES INTERNATIONAUX

- mène une variété de programmes multilatéraux et bilatéraux de soutien professionnel et d'aide technique à l'intention de pays souhaitant développer leurs institutions démocratiques.

Le commissaire aux élections fédérales

Nommé par le directeur général des élections, le commissaire aux élections fédérales veille au respect de la *Loi électorale du Canada* et de la *Loi référendaire*. En période électorale, en cas d'infraction réelle ou appréhendée, il peut demander une injonction aux tribunaux ou conclure avec les personnes en cause des ententes de conformité (appelées transactions). Toute personne ayant des motifs de croire qu'une infraction a été commise peut, dans les six mois suivant les faits, adresser une plainte écrite au commissaire et demander une enquête.

Généralement, les plaintes ont trait à des infractions telles que le défaut par des employeurs d'accorder à leurs employés le temps prévu pour voter, le vote de personnes qui n'ont pas qualité d'électeur, la présentation de rapports financiers inadéquats ou des manquements aux règles de publicité. Les personnes reconnues coupables d'une infraction sont passibles d'amendes ou de peines d'emprisonnement et elles peuvent perdre leur droit de se présenter à une élection fédérale pour cinq ou sept ans, selon l'infraction.

L'arbitre en matière de radiodiffusion

Tout radiodiffuseur doit accorder une durée déterminée de temps d'antenne gratuit et payant aux partis enregistrés durant une élection générale, et aux comités référendaires durant un référendum. Aux termes de la *Loi électorale du Canada*, le directeur général des élections nomme un arbitre en matière de radiodiffusion, qui distribue une part de ce temps à chaque parti et comité en vertu d'une formule prévue par la Loi.

Les directeurs du scrutin

Pour la plupart des gens, les élections sont synonymes de candidats et de partis politiques. Dans les coulisses, cependant, des milliers de fonctionnaires électoraux s'occupent d'une tâche essentielle : voir à ce que le scrutin se déroule de façon efficace et équitable. Dans chaque circonscription, un directeur du scrutin coordonne leurs activités. Les directeurs du scrutin fédéraux sont nommés par le gouverneur en conseil (le Cabinet) et travaillent sous la supervision générale du directeur général des élections du Canada.

Le travail est exigeant et les tâches sont variées. Pour être directeur du scrutin, il suffit en principe d'être un citoyen canadien âgé d'au moins 18 ans et domicilié dans la circonscription où on est nommé. En réalité, il faut beaucoup d'autres qualités. En plus d'un engagement sérieux, la tâche nécessite une grande variété de compétences en gestion.

De par sa nature, le travail est impartial et non partisan, et le directeur du scrutin doit toujours agir en conséquence. Il doit se conformer à un code de déontologie et s'abstenir de participer à toute activité de nature politique partisane, aussi bien durant les périodes électorales et référendaires qu'en dehors de ces périodes.

Photo : Élections Canada

Dans chaque circonscription, le directeur du scrutin a un bureau ouvert au public.

Photo : Élections Canada

Des milliers de fonctionnaires électoraux jouent un rôle essentiel pour que chaque électeur puisse exercer son droit de vote.

Le processus électoral

Le Registre national des électeurs

Le Registre national des électeurs est une base de données informatisée des personnes ayant qualité d'électeur. Il contient le nom, l'adresse postale, l'adresse résidentielle, la circonscription, la section de vote, le sexe et la date de naissance de chaque électeur, et peut être mis à jour à partir de données de sources fédérales et provinciales.

Élections Canada se sert du registre pour produire les listes électorales préliminaires en vue d'une élection générale ou partielle ou d'un référendum. Les administrations électorales provinciales ou territoriales, municipales et scolaires peuvent aussi utiliser les données du registre pour produire leurs listes électorales, sur conclusion d'un accord avec Élections Canada.

Environ 20 % des renseignements sur les électeurs changent chaque année; c'est pourquoi Élections Canada doit tenir le registre à jour entre deux scrutins. Le registre est actualisé à partir de données fournies par l'Agence des douanes et du revenu du Canada (avec le consentement des contribuables), Citoyenneté et Immigration Canada, les bureaux des véhicules automobiles et les registraires de l'état civil (décès) des provinces et des territoires, ainsi que les organismes électoraux de la Colombie-Britannique et du Québec (deux provinces qui tiennent des listes électorales permanentes). Les listes électorales de certaines élections provinciales et territoriales sont également utilisées à des fins de mise à jour.

PROTECTION DE LA VIE PRIVÉE

Pour la création et l'exploitation du Registre national des électeurs, Élections Canada a consulté de nombreux experts, y compris le Commissaire à la protection de la vie privée du Canada, et a adopté deux grands principes : le droit au respect de la vie privée et la confidentialité des renseignements personnels. Le Parlement et Élections Canada ont prévu les dispositions suivantes :

- *tout électeur peut faire rayer son nom du registre en écrivant au directeur général des élections;*

- *tout électeur peut refuser qu'on transmette les renseignements qui le concernent à d'autres administrations électorales, à des fins électorales, en écrivant au directeur général des élections;*

- *le refus de figurer au registre ou de transmettre des renseignements n'affecte pas le droit de vote de l'électeur;*

- *les renseignements limités émanant de sources fédérales (Agence des douanes et du revenu du Canada, et Citoyenneté et Immigration Canada) ne peuvent être obtenus qu'avec le consentement de l'électeur;*

- *la Loi stipule que le contenu du registre est réservé à des fins électorales;*

- *l'utilisation de renseignements électoraux à des fins non électorales constitue une infraction;*

- *les ordinateurs d'Élections Canada ne sont pas reliés à ceux des fournisseurs de données;*

- *les installations renfermant le Registre national des électeurs sont protégées au moyen de dispositifs de sécurité.*

Les préparatifs

NOMINATION ET FORMATION DES DIRECTEURS DU SCRUTIN

Le directeur du scrutin est le principal fonctionnaire électoral dans chaque circonscription. Nommé par le gouverneur en conseil, il reste en poste (à moins que la circonscription soit modifiée à la suite d'un redécoupage) jusqu'à ce qu'il déménage hors de la circonscription, démissionne ou se voie destituer pour un motif suffisant. Tout poste vacant doit être comblé au plus tard 60 jours après que le directeur général des élections a été informé de cette vacance et, de préférence, bien avant un scrutin. Élections Canada a ainsi le temps de former le nouveau directeur du scrutin et ce dernier peut se familiariser avec ses nouvelles tâches.

DÉLIMITATION DES SECTIONS DE VOTE

Avant le déclenchement de l'élection, il faut diviser chaque circonscription en sections de vote, chaque section comptant en moyenne 350 électeurs. Cette opération est très importante, car chaque liste électorale correspond à une section de vote.

CHOIX DE L'EMPLACEMENT DES BUREAUX DE SCRUTIN

Une fois établies les sections de vote, le directeur du scrutin choisit un emplacement pratique et accessible pour les bureaux ordinaires de scrutin et les bureaux de vote par anticipation. Les bureaux se trouvent habituellement dans des lieux centraux bien connus et accessibles de plain-pied, tels que des centres communautaires ou des écoles.

PRÉPARATION DU MATÉRIEL

Le personnel d'Élections Canada à Ottawa élabore les procédures administratives et prépare les cartes, les trousses, les formulaires, les documents d'information, les bulletins de vote, les urnes et tout autre matériel nécessaire au scrutin. On en expédie une partie à l'avance au domicile des directeurs du scrutin si un scrutin paraît imminent.

Compte à rebours d'une élection

Le gouverneur général dissout le Parlement et déclenche l'élection

▼

Le directeur général des élections avise les directeurs du scrutin et émet les brefs d'élection

▼

Les directeurs du scrutin ouvrent leurs bureaux

▼

Le vote par bulletin spécial débute

▼

Élections Canada prépare les listes électorales préliminaires et les envoie aux directeurs du scrutin

▼

La révision des listes électorales commence

▼

Les directeurs du scrutin expédient la carte d'information de l'électeur aux électeurs inscrits

▼

Les candidats remettent leur acte de candidature et leur cautionnement aux directeurs du scrutin

▼

Les électeurs des Forces canadiennes commencent à voter

▼

Le vote par anticipation a lieu dans les bureaux de vote par anticipation

▼

Le vote commence dans les établissements correctionnels et de soins de courte durée

▼

La révision et l'inscription au vote par bulletin spécial prennent fin

JOUR DU SCRUTIN

Les résultats préliminaires sont annoncés après la fermeture des bureaux de scrutin

▼

APRÈS LE JOUR DU SCRUTIN

Les directeurs du scrutin procèdent à la validation des résultats

▼

Des dépouillements judiciaires ont lieu au besoin

▼

Les directeurs du scrutin retournent les brefs d'élection proclamant les candidats élus

▼

Les nouveaux députés prêtent serment et le nouveau Parlement est convoqué

▼

Le directeur général des élections publie un rapport sur l'élection ainsi qu'un rapport sur les résultats officiels

▼

Les candidats, les partis et les tiers soumettent les rapports sur leurs finances électorales

▼

On procède au remboursement des dépenses électorales aux candidats et aux partis

▼

Les candidats remettent tout excédent de fonds

La conduite d'une élection

DÉCLENCHEMENT

Dans le cas d'une élection générale, le gouverneur général dissout le Parlement à la demande du premier ministre et le gouverneur en conseil fixe la date de l'élection ainsi que la date à laquelle les directeurs du scrutin doivent renvoyer les brefs d'élection. La Loi prévoit un minimum de 36 jours entre la délivrance des brefs et le jour du scrutin.

DÉLIVRANCE DES BREFS

Dès qu'on l'informe de la tenue d'une élection, le directeur général des élections envoie un avis à chaque directeur du scrutin pour l'enjoindre de louer un bureau et de se préparer en vue de l'élection. En même temps, on imprime les brefs d'élection sur lesquels figurent la date du jour du scrutin et la date de clôture des candidatures. Aussitôt signés par le directeur général des élections, les brefs sont envoyés aux directeurs du scrutin, qui publient alors un avis de convocation informant les électeurs des dates importantes et d'autres détails.

OUVERTURE DES BUREAUX

Dès qu'il est avisé du déclenchement d'une élection, le directeur du scrutin loue un bureau et du mobilier dans un lieu accessible de sa circonscription. Ce bureau sera son quartier général durant la période électorale. Les heures d'ouverture sont fixées par le directeur général des élections. Il faut embaucher et former le personnel immédiatement, car le bureau doit devenir fonctionnel sans délai. Élections Canada envoie du matériel par vagues successives.

RÉVISION DES LISTES ÉLECTORALES PRÉLIMINAIRES

Dès le déclenchement du scrutin, Élections Canada prépare les listes électorales préliminaires à partir du Registre national des électeurs, et envoie les listes de chaque circonscription aux directeurs du scrutin. Peu après, ces derniers font parvenir par la poste une carte d'information de l'électeur à chaque électeur inscrit. Cette carte confirme le nom et l'adresse de l'électeur. En outre, elle lui indique où et quand voter et si le bureau de scrutin est accessible de plain-pied.

Pendant quatre semaines, du 33e au 6e jour avant le jour du scrutin, les listes électorales sont révisées par l'ajout, la radiation ou la modification d'inscriptions. Si un électeur a déménagé à l'intérieur de sa circonscription, il peut faire corriger son inscription par téléphone, moyennant une preuve d'identité suffisante. Les électeurs peuvent aussi s'inscrire en personne lors du vote par anticipation ainsi que le jour du scrutin, moyennant une preuve d'identité suffisante.

Le directeur du scrutin prépare des listes révisées pour le vote par anticipation. Par la suite, il dresse une deuxième série de listes révisées, appelées listes officielles, qui servent le jour du scrutin.

Après le jour du scrutin, le directeur du scrutin prépare des listes comprenant les électeurs qui se sont inscrits le jour du scrutin, et les transmet à Élections Canada. Le personnel d'Élections Canada produit des versions électronique et imprimée de ces listes électorales définitives, à l'intention des partis enregistrés et des députés.

PRÉSENTATION DES CANDIDATURES

Le directeur du scrutin reçoit l'acte de candidature et le cautionnement de chaque candidat en lice dans sa circonscription. Il a ensuite 48 heures pour vérifier les signatures des électeurs appuyant le candidat avant de confirmer ou de rejeter la candidature.

ENREGISTREMENT DES PARTIS POLITIQUES

Un parti politique doit être dûment enregistré auprès du directeur général des élections pour que ses candidats puissent faire inscrire le nom du parti sur le bulletin de vote. Il doit entreprendre les démarches d'enregistrement avant une élection. Mais pour que son enregistrement entre (ou reste) en vigueur, il doit présenter au moins 50 candidats à une élection générale.

LE VOTE

Il y a plusieurs façons de voter. La plus courante consiste à se rendre au bureau ordinaire de scrutin le jour de l'élection (appelé aussi jour du scrutin). Mais on peut aussi voter au bureau de vote par anticipation, à un bureau de scrutin itinérant ou encore par la poste ou au bureau du directeur du scrutin, au moyen du bulletin spécial.

Photo : Élections Canada

Pour éviter toute possibilité de fraude, Élections Canada vérifie les codes à barres sur les enveloppes extérieures des bulletins de vote spéciaux.

Photo : Élections Canada

Le nom de l'électeur est biffé de la liste avant qu'il se rende derrière l'isoloir pour voter.

BUREAUX ORDINAIRES DE SCRUTIN : La vaste majorité des électeurs votent dans les bureaux ordinaires de scrutin. Durant les heures du scrutin, le jour de l'élection, l'électeur se rend au bureau indiqué sur la carte d'information de l'électeur qu'il a reçue, fait rayer son nom de la liste électorale et se rend derrière l'isoloir pour marquer son bulletin de vote.

Les heures d'ouverture des bureaux de scrutin sont décalées par fuseau horaire afin que la majorité des résultats soient connus à peu près en même temps partout au pays.

Le directeur général des élections peut au besoin adapter les heures de vote d'une circonscription pour qu'elles coïncident avec celles des autres circonscriptions du même fuseau horaire. Lors d'élections partielles se déroulant le même jour dans un seul fuseau horaire, les heures sont de 8 h 30 à 20 h 30.

TOUJOURS UN LUNDI

Pour les élections et les référendums fédéraux, le jour du scrutin est toujours un lundi, sauf si le lundi prévu est un jour férié, auquel cas le vote a lieu le jour suivant. Cette situation s'est présentée la dernière fois en 1984, année où l'élection s'est tenue le mardi 4 septembre, le lendemain de la fête du Travail.

HEURES DU SCRUTIN (HEURE LOCALE)	
Heure de Terre-Neuve	*8 h 30 à 20 h 30*
Heure de l'Atlantique	*8 h 30 à 20 h 30*
Heure de l'Est	*9 h 30 à 21 h 30*
Heure du Centre	*8 h 30 à 20 h 30*
Heure des Rocheuses	*7 h 30 à 19 h 30*
Heure du Pacifique	*7 h à 19 h*

VOTE PAR ANTICIPATION : Les électeurs qui savent qu'ils ne seront pas en mesure de voter le jour du scrutin disposent de trois journées pour voter à un bureau de vote par anticipation. Les dates d'ouverture et l'emplacement des bureaux de vote par anticipation sont indiqués sur la carte d'information de l'électeur. Le vote se déroule de la même manière qu'au bureau ordinaire de scrutin.

BULLETIN DE VOTE SPÉCIAL : Le bulletin de vote spécial est destiné aux électeurs qui :

- résident temporairement à l'extérieur du Canada;

- résident au Canada, mais sont absents de leur circonscription au moment du scrutin;

- sont dans leur circonscription pendant l'élection ou le référendum, mais ne peuvent pas ou ne souhaitent pas se rendre au bureau de scrutin.

Les électeurs des Forces canadiennes et les électeurs incarcérés purgeant une peine de moins de deux ans votent également par bulletin spécial, mais selon des procédures particulières.

Les électeurs doivent faire une demande d'inscription pour voter par bulletin spécial; on peut obtenir un formulaire d'Élections Canada ou d'un bureau du directeur du scrutin.

Lors d'une élection, l'électeur ne peut voter que pour un candidat de sa circonscription. Le bulletin spécial est un bulletin de vote en blanc sur lequel l'électeur inscrit le nom complet ou les initiales du candidat de son choix dans cette circonscription. Il incombe à l'électeur de savoir qui sont les candidats. Lors d'un référendum, la ou les questions référendaires sont imprimées chacune sur un bulletin distinct et l'électeur fait une marque à l'endroit prévu pour indiquer qu'il répond « Oui » ou « Non ».

Pour préserver le secret du vote, l'électeur place ensuite le bulletin dans un ensemble de trois enveloppes scellées et le fait parvenir par la poste ou par messagerie au directeur général des élections, à Ottawa, ou à son directeur du scrutin si l'électeur est dans sa propre circonscription.

MESURES DESTINÉES AUX ÉLECTEURS QUI ONT DES BESOINS SPÉCIAUX

Élections Canada a pris des mesures particulières pour veiller à ce que tous les électeurs puissent exercer leur droit de vote.

- Les bureaux des directeurs du scrutin et les bureaux de scrutin sont accessibles de plain-pied.

- Lorsque le bureau de scrutin d'un électeur handicapé fait partie des très rares bureaux à ne pas offrir d'accès de plain-pied, cet électeur peut obtenir un certificat de transfert.

- Le jour du scrutin, des bureaux de scrutin itinérants desservent de nombreuses résidences pour personnes âgées ou handicapées.

- Lorsque c'est nécessaire, l'urne est transportée de chambre en chambre dans les établissements de soins de longue durée.

- Les personnes ayant une déficience visuelle ont un gabarit en carton à leur disposition pour marquer elles-mêmes leur bulletin.

- Des interprètes peuvent accompagner les électeurs, au besoin.

- Les fonctionnaires électoraux au bureau de scrutin apportent toute autre forme d'aide requise.

MARQUER LE BULLETIN DE VOTE

Au bureau de scrutin indiqué sur la carte d'information de l'électeur, le greffier du scrutin raye le nom de l'électeur de la liste électorale. Le scrutateur remet à l'électeur un bulletin de vote plié au dos duquel le scrutateur a inscrit ses propres initiales.

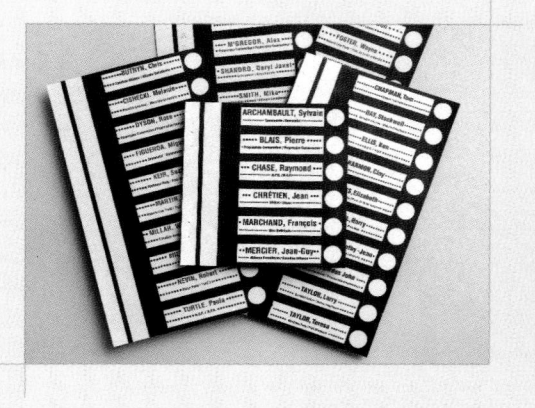

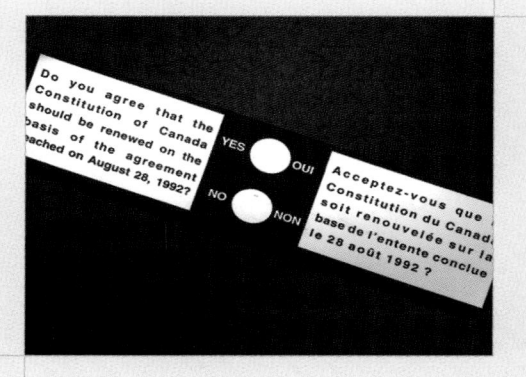

Le bulletin de vote utilisé pour une élection indique le nom des candidats, par ordre alphabétique, ainsi que leur appartenance politique, le cas échéant.

L'électeur apporte le bulletin derrière l'isoloir et, avec le crayon qu'on lui fournit, inscrit clairement une marque dans le cercle qui se trouve à côté du nom du candidat de son choix.

Le bulletin de vote utilisé pour un référendum contient le texte de la question référendaire et les mots « Oui » et « Non » en français et en anglais.

L'électeur apporte le bulletin derrière l'isoloir et, avec le crayon qu'on lui fournit, inscrit clairement une marque dans le cercle qui se trouve à côté de la réponse de son choix.

L'électeur replie alors le bulletin de façon que les initiales du scrutateur soient visibles et le remet à ce dernier. Le scrutateur vérifie les initiales et le numéro de série sur le talon du bulletin, détache et jette le talon, puis remet le bulletin à l'électeur. L'électeur, ou le scrutateur si l'électeur le lui demande, dépose le bulletin replié dans l'urne. Le greffier inscrit alors un crochet à côté du nom de l'électeur dans la colonne intitulée « A voté ».

Les résultats

Peu après la clôture du vote le jour du scrutin, la transmission des résultats officieux commence. À mesure que les rapports parviennent des différents bureaux de scrutin, Élections Canada affiche les résultats sommaires par circonscription sur son site Web (www.elections.ca). Au même moment, les directeurs du scrutin transmettent les résultats aux médias pour diffusion immédiate.

VALIDATION DES RÉSULTATS

Le directeur du scrutin procède à la validation des résultats dans les sept jours suivant le jour du scrutin. Il examine les documents relatifs au dépouillement des votes afin de vérifier les calculs effectués le soir de l'élection. C'est seulement une fois qu'il a terminé la validation qu'il peut proclamer les résultats officiels.

DÉPOUILLEMENTS JUDICIAIRES

Le directeur du scrutin demande obligatoirement un dépouillement judiciaire (aussi appelé recomptage) conduit par un juge si le nombre de voix séparant le candidat qui en a obtenu le plus et tout autre candidat est inférieur à un millième du total des suffrages exprimés dans sa circonscription. Il peut aussi y avoir dépouillement judiciaire si un juge saisi d'une demande en ce sens a des raisons de croire qu'il y a eu une erreur lors du dépouillement.

PARTAGE DES VOIX

Lorsque dans une circonscription donnée, après un dépouillement judiciaire, les deux premiers candidats ont reçu le même nombre de voix, une nouvelle élection est tenue dans cette circonscription.

RAPPORTS D'ÉLECTION

Le directeur du scrutin inscrit le nom du candidat élu (ou l'option qui l'a emporté lors d'un référendum) sur le bref qu'il a reçu au début de la période du scrutin. Il le signe et le retourne au directeur général des élections après le sixième jour qui suit la fin de la validation des résultats, ou immédiatement après un dépouillement judiciaire. Le candidat élu ne peut être assermenté à titre de député fédéral qu'une fois le bref dûment retourné.

Photo : Élections Canada

Le directeur général des élections du Canada, Jean-Pierre Kingsley, signe les brefs.

Financement électoral et rapports postélectoraux

La *Loi électorale du Canada* et la *Loi de l'impôt sur le revenu* comprennent un certain nombre de dispositions financières destinées à assurer la transparence, l'équité et l'accessibilité du système électoral. Elles établissent clairement qui peut faire une contribution, la façon dont on doit recevoir ces contributions et en faire rapport, et combien un candidat, un parti ou un tiers peut dépenser en période électorale.

LIMITES DE DÉPENSES ÉLECTORALES ET REMBOURSEMENTS

La *Loi électorale du Canada* ne fixe pas de limites aux contributions qui peuvent être versées aux candidats, aux partis politiques et aux tiers (personnes ou groupes qui ne sont ni des candidats, ni des partis politiques enregistrés, ni des associations de circonscription d'un parti enregistré). Elle prévoit cependant des limites de dépenses. Les dépenses électorales des candidats et des partis sont calculées selon une formule basée sur le nombre d'électeurs inscrits sur les listes de chaque circonscription. Le trésor public rembourse partiellement les dépenses électorales des candidats et des partis enregistrés, moyennant entre autres la présentation de rapports financiers détaillés.

Les dépenses de publicité électorale des tiers sont limitées à 150 000 $ lors d'une élection générale, dont un maximum de 3 000 $ dans une circonscription donnée. Les tiers n'ont droit à aucun remboursement. Dès qu'ils dépensent plus de 500 $ en publicité électorale, ils sont tenus de s'enregistrer auprès du directeur général des élections et de présenter des rapports financiers après l'élection.

Élections Canada publie l'information financière fournie par les candidats, les partis et les tiers.

CRÉDITS D'IMPÔT : Une contribution peut se faire en argent, en biens ou en services, mais seule une contribution en argent à un candidat confirmé ou à un parti enregistré donne droit à un crédit d'impôt sur le revenu en vertu de la *Loi électorale du Canada*. La Loi établit à 500 $ le crédit d'impôt maximal (qui correspond à une contribution de 1 075,01 $ ou plus). Les tiers ne peuvent pas émettre de reçus aux fins de l'impôt à titre de tiers.

DIVULGATION PUBLIQUE : Tout parti enregistré doit soumettre un état vérifié de ses dépenses électorales au directeur général des élections dans les six mois qui suivent le jour du scrutin. Il doit également produire un rapport financier annuel vérifié indiquant le montant et la source de toutes les contributions ainsi que le nom et l'adresse des donateurs de contributions supérieures à 200 $.

Les tiers doivent, dans les quatre mois suivant le jour de l'élection, déclarer en détail leurs dépenses de publicité électorale. Ils doivent également indiquer qui, au cours de la période commençant six mois avant la délivrance des brefs et se terminant le jour de l'élection, leur a apporté des contributions monétaires aux fins de dépenses de publicité électorale.

Les candidats doivent soumettre un rapport vérifié de leurs dépenses électorales au directeur du scrutin de leur circonscription dans les quatre mois suivant le jour du scrutin. Ce document, que le directeur général des élections doit publier, indique toutes les dépenses électorales engagées, le montant et la source de toutes les contributions, ainsi que le nom et l'adresse des donateurs de contributions supérieures à 200 $.

DONS NON ADMIS

Il est interdit à un candidat ou à un parti enregistré d'accepter des contributions provenant d'un particulier qui n'est ni citoyen canadien ni résident permanent au Canada; d'une société commerciale ou d'une association qui n'exerce pas d'activités au Canada; d'un syndicat qui n'est pas autorisé à négocier collectivement au Canada; ou d'un parti politique ou un État étranger. Les mêmes restrictions s'appliquent aux tiers en ce qui concerne les contributions devant servir aux dépenses de publicité électorale.

L'ensemble des renseignements financiers communiqués au directeur général des élections par les partis et les candidats sont accessibles au public en tout temps.

REMBOURSEMENTS : Les partis qui ont recueilli au moins 2 % des suffrages valides exprimés à l'échelle nationale ou au moins 5 % dans les circonscriptions où ils ont soutenu un candidat ont droit à un remboursement équivalant à 22,5 % de leurs dépenses électorales.

Les candidats qui sont élus ou qui ont obtenu au moins 15 % des suffrages valides exprimés dans leur circonscription ont droit au remboursement de 50 % de leurs dépenses électorales réelles, jusqu'à concurrence de 50 % du plafond des dépenses fixé pour leur circonscription.

Les candidats à qui il reste des revenus excédentaires doivent verser l'excédent à leur association de circonscription ou à leur parti. Si le candidat n'est pas soutenu par un parti, il doit verser l'excédent au receveur général du Canada.

LES RAPPORTS DU DIRECTEUR GÉNÉRAL DES ÉLECTIONS

Après chaque élection générale, le directeur général des élections doit présenter un rapport au président de la Chambre des communes dans les 90 jours suivant le retour des brefs. Ce rapport porte sur l'élection ainsi que sur les activités d'Élections Canada depuis la date de son rapport précédent. Dans les meilleurs délais suivant une élection, le directeur général des élections présente également un rapport signalant toute modification qu'il juge souhaitable d'apporter à la Loi. Le directeur général des élections doit par ailleurs publier un rapport présentant les résultats officiels du scrutin par section de vote.

Élections partielles

Lorsqu'un siège devient officiellement vacant à la Chambre des communes, le président de la Chambre doit en informer immédiatement le directeur général des élections au moyen d'un ordre officiel.

Entre le 11e et le 180e jour suivant la réception de cet ordre par le directeur général des élections, le gouverneur en conseil doit fixer la date d'une élection partielle. Une fois cette date fixée, le directeur général des élections adresse un bref d'élection au directeur du scrutin de la circonscription visée, lui signifiant de tenir une élection partielle à cette date.

Si une élection générale est déclenchée après la délivrance du bref de l'élection partielle mais avant la tenue de cette élection partielle, ce bref est automatiquement annulé et le directeur général des élections publie un avis à cet effet dans la *Gazette du Canada*.

En période électorale, le Centre de renseignements d'Élections Canada traite chaque jour des milliers d'appels touchant tous les aspects du système électoral.

Photo : Élections Canada

Les élections partielles se déroulent comme les élections générales, sauf que le scrutin se tient dans seulement une ou quelques circonscriptions. En outre :

- Le Parlement n'est pas dissous lors d'une élection partielle, contrairement à ce qui se passe lors d'une élection générale.

- Seul le chef du parti peut signer la lettre de soutien du candidat (lors d'une élection générale, le chef du parti peut désigner d'autres personnes pour accomplir cette tâche).

- Les électeurs des Forces canadiennes dont la circonscription de résidence fait l'objet d'une élection partielle reçoivent automatiquement une trousse de vote par bulletin spécial (lors d'une élection générale, on met sur pied un bureau de scrutin sur la base militaire et les électeurs militaires votent durant une période déterminée avant le jour du scrutin).

- Les électeurs incarcérés pour moins de deux ans, dont la circonscription de résidence fait l'objet d'une élection partielle et qui désirent voter doivent demander un bulletin spécial directement à Élections Canada, à Ottawa (lors d'une élection générale, on met sur pied un bureau de scrutin dans l'établissement correctionnel et le vote a lieu le 10e jour avant le jour du scrutin).

- Pour voter à une élection partielle, l'électeur doit avoir sa résidence habituelle dans la circonscription depuis le début de la période de révision jusqu'au jour du scrutin.

- Il n'y a aucun remboursement des dépenses des partis politiques.

Référendums

L'objectif d'un référendum fédéral est de permettre à l'électorat de se prononcer sur des questions spécifiques qui touchent la Constitution.

Les référendums fédéraux sont régis par la *Loi référendaire*. Les référendums et les élections diffèrent sur le plan des objectifs, mais leurs procédures ne sont guère différentes. C'est d'ailleurs la *Loi électorale du Canada*, avec certaines variantes, qui sert de fondement au processus référendaire.

DÉCLENCHEMENT D'UN RÉFÉRENDUM

Avant le début officiel de la période référendaire, le gouvernement soumet le texte de la question (ou des questions) à chaque parti politique qui compte au moins 12 députés à la Chambre des communes. Dans les trois jours qui suivent, un ministre dépose un avis de motion pour que la Chambre approuve la question référendaire. La Chambre se penche sur cette motion durant un maximum de trois jours. Si elle l'adopte, la motion va au Sénat qui, lui aussi, a trois jours pour la passer aux voix.

Une fois que le Sénat a approuvé la question, le gouverneur en conseil a 45 jours pour proclamer le référendum, en précisant si celui-ci se tiendra dans l'ensemble du pays ou dans une ou plusieurs provinces. Dès cette proclamation, le directeur général des élections adresse un bref à chaque directeur du scrutin concerné pour lui signifier de conduire un référendum.

Le directeur général des élections a l'obligation d'informer le public de la question référendaire et de la manière dont le référendum se déroulera. Il doit aussi veiller à ce que le texte de la question soit disponible dans certaines langues autochtones. Toutefois, il ne doit fournir aucun renseignement concernant les arguments en faveur du « Oui » ou du « Non ».

COMITÉS RÉFÉRENDAIRES

Toute personne ou tout groupe peut faire de la publicité pour l'une ou l'autre des deux options. Toutefois, la publicité doit identifier les commanditaires. Les personnes et les groupes qui ont l'intention de dépenser plus de 5 000 $ pour favoriser directement une option doivent s'enregistrer auprès du directeur général des élections en tant que comité référendaire.

Comme c'est le cas pour les partis lors d'une élection, les comités référendaires enregistrés peuvent adresser une demande de temps d'antenne gratuit à l'arbitre en matière de radiodiffusion. Ce temps gratuit doit être réparti également entre les comités du « Oui » et du « Non ».

Les comités ont aussi le droit d'avoir un représentant dans chaque bureau de scrutin le jour du référendum.

Photo : Élections Canada

L'urne utilisée pour les élections et les référendums est formée d'une boîte de carton recyclable. Peu coûteuse à fabriquer, elle est facile à entreposer, à transporter et à assembler.

Chaque comité référendaire enregistré doit soumettre au directeur général des élections un rapport sur les contributions qu'il a reçues et les dépenses qu'il a effectuées. Ce rapport doit indiquer les noms des personnes et des groupes qui lui ont versé plus de 250 $.

LE VOTE

Lors d'un référendum, il doit s'écouler au moins 36 jours entre la délivrance des brefs et le jour du scrutin.

L'électeur vote en inscrivant clairement une marque dans le cercle à côté du mot « Oui » ou du mot « Non » sur le bulletin de vote.

Un système tourné vers l'avenir

Photos : Élections Canada

Le succès du système électoral canadien repose en partie sur sa capacité d'adaptation. La législation électorale a changé, et continuera d'évoluer à mesure que différentes dispositions seront révisées pour refléter l'évolution de la société.

Ce n'est pas un hasard si le système électoral canadien est reconnu comme l'un des meilleurs au monde. Sa qualité reflète l'attachement des Canadiens aux principes de la justice et de la démocratie, et leur recherche continue de l'excellence en matière électorale.

Lectures complémentaires

Pour un examen plus approfondi des sujets traités dans cette publication, on peut commander sans frais les documents suivants auprès d'Élections Canada :

Au service de la démocratie : plan stratégique 1999-2002 (EC 08901)

Élections Canada sur la scène mondiale : l'expérience au service des nouvelles démocraties (EC 90770)

Enregistrement des partis politiques fédéraux (EC 90530)

L'accessibilité au système électoral (EC 90505)

L'évolution du droit de vote fédéral (EC 90785)

L'inscription au bureau de scrutin (EC 90525)

La représentation au Parlement fédéral (site Web)

Le directeur du scrutin (EC 90535)

Le processus d'enquête en vertu de la Loi électorale du Canada (EC 90560)

Le Registre national des électeurs (EC 90780)

Le rôle et la structure d'Élections Canada (EC 90600)

Le système électoral du Canada : Consolider les assises — Annexe du Rapport du directeur général des élections du Canada sur la 35e élection générale (EC 94610)

Loi électorale du Canada (EC 06605)

Manuel d'élection des candidats, de leurs agents officiels et de leurs vérificateurs (EC 20190)

Rapport du directeur général des élections du Canada sur la 36e élection générale (EC 94612)

Rapport du directeur général des élections du Canada sur la 37e élection générale tenue le 27 novembre 2000 (EC 94318)

Renseignements importants à l'intention des candidats éventuels (EC 90790)

On peut également acheter *L'histoire du vote au Canada*, volume abondamment illustré publié en 1997 par le ministre des Travaux publics et Services gouvernementaux Canada pour le directeur général des élections du Canada. Disponible en librairie ou par bon de commande sur le site Web d'Élections Canada (www.elections.ca) sous *Renseignements généraux*.